Bernd Kretschmer
Michael Gerding

100 Rezepte für MS-DOS 6.0

Weitere Titel aus der Reihe
„100 Rezepte für ..."

100 Rezepte für Excel 4.0
von Hartlieb Wild

100 Rezepte für Borland Pascal
von Norbert Hoffmann

100 Rezepte für Turbo Pascal
von Erik Wischnewski

100 Grafikrezepte mit Turbo Pascal für Windows
von Norbert Hoffmann

100 Rezepte für MS-DOS 6.0
von Bernd Kretschmer und Michael Gerding

100 Rezepte für Access
von Petra Aulmann und Anja Krüger

100 Rezepte für Paradox für Windows
von Herbert Huber und Heinz Holz

100 Rezepte für Word 6.0
von Elke Kasimir

Vieweg

Bernd Kretschmer
Michael Gerding

100 REZEPTE FÜR MS-DOS 6.0

Tips, Tricks und Anwendungsbeispiele für Einsteiger und Fortgeschrittene

Die Deutsche Bibliothek – CIP-Einheitsaufnahme

Kretschmer, Bernd:
100 Rezepte für MS-DOS 6.0: Tips, Tricks und Anwendungsbeispiele für Einsteiger und Fortgeschrittene / Bernd Kretschmer; Michael Gerding. – Braunschweig, Wiesbaden: Vieweg, 1993

NE: Gerding, Michael:; Kretschmer, Bernd: Hundert Rezepte für MS-DOS 6.0; Gerding, Michael: Hundert Rezepte für MS-DOS 6.0

Ursprünglich erschienen bei Friedr. Vieweg & Sohn Verlagsgesellschaft 1993.

Der Verlag Vieweg ist ein Unternehmen der Verlagsgruppe Bertelsmann International.

Gedruckt auf säurefreiem Papier

ISBN 978-3-528-05335-2 ISBN 978-3-663-06848-8 (eBook)
DOI 10.1007/978-3-663-06848-8

Vorwort

Handlungsorientierte Darstellung

Mit diesem Buch führen wir Sie in einer aufbauenden Folge von Rezepten in die Welt des Betriebssystems MS DOS in der Version 6 ein. An einfachen Beispielen erleben Sie Problemlösungen mit dieser Generation des weit verbreiteten Einplatz-Betriebssystems.

Hilfe

Sie lernen die mitgelieferten Hilfeprogramme zu nutzen. Wenn Sie mehr Informationen wollen, lesen Sie, wie Sie die Microsoft Support CDs und den Zugang zu CompuServe bekommen und dort das Forum MSDOS nutzen. Für alle zusätzlichen Hilfen finden Sie Bezugsadressen.

Brücken

Wir zeigen Ihnen Aussichtspunkte, von denen Sie die Blicke in die Nachbarwelt von Windows 3.1 werfen können. Viele Tabellen veranschaulichen Handlungsalternativen an der DOS-Eingabeaufforderung, der DOS-Shell und Windows.

Alles automatisch?

Mit Batch-Programmen und Makros gestalten Sie eigene Abläufe. Sie erhalten viele Tips und Anregungen für die Organisation und Planung Ihrer Arbeit mit DOS.

Bilderbuch

Die zahlreichen exakten Abbildungen von Bildschirmen und Ausdrucken vermitteln Ihnen auch ohne PC jederzeit eine genaue Vorstellung von den Beispielen und der Arbeit mit DOS.

Beispiele

Sie finden durchweg einfache und übersichtliche abgeschlossene Beispiele, die Sie auch noch am Feierabend bequem nachvollziehen können.

Danke...

Wir danken CompuServe, Creative Daten Systeme, der GD Gesellschaft für Datenkommunikation, Microsoft und Andreas Müller Software für die vielfältige Unterstützung.

Viel Erfolg!

Wir wünschen Ihnen viel Freude und Erfolg beim Lesen und Arbeiten mit diesem Rezept-Buch und MS DOS 6.0. Über Ihre Anregungen freuen wir uns.

Bernd Kretschmer und Michael Gerding

Inhaltsverzeichnis

1 DOS installieren

Weg mit der Konkurrenz; Der erste Schritt

1-1 Festplatte vorbereiten

Ich möchte MS-DOS 6.0 auf einer Festplatte installieren, hatte aber vorher OS/2, DR DOS oder MS-DOS Version 3.3 oder älter mit einem Programm zum Verwalten von Festplatten größer als 32 MByte installiert. Machen die jetzt Ärger? Kann ich neu gekaufte Festplatten sofort mit MS-DOS benutzen?

Falls Sie von Betriebssystemen wie OS/2 oder DR DOS abkehren und MS-DOS auf Ihrem System installieren wollen, müssen Sie die „alten" Betriebssysteme mitsamt allen Partitionen vollständig von der Festplatte löschen. Andernfalls müssen Sie versuchen, die Festplatte grundzuformatieren.

Löschen Sie das „alte" Betriebssystem noch mit diesem Programm einschließlich aller Partitionen. Mit einer Vollversion von MS-DOS 6.0 können Sie dann Ihr System starten und die Festplatte für MS-DOS vorbereiten.

Falls Sie eine völlig neue Festplatte mit MS-DOS benutzen wollen oder ein fremdes Betriebssystem nicht getilgt (deinstalliert) haben, bereiten Sie die Festplatte mit zwei oder drei Schritten vor:

1. das Grundformatieren (Low-Level-Formatieren) bei manchen Festplattentypen,
2. das Partitionieren (Einteilen) und
3. das DOS-Formatieren (High-Level-Formatieren).

Die Tabelle 1.1 zeigt die einzelnen Schritte für verschiedene Probleme, wobei DOS Festplatten bei der Erstinstallation selbst partitioniert und grundformatiert:

Problem	AT-Bus / SCSI	MFM / RLL
DR-DOS oder OS/2 installiert	Grundformatieren, Partitionieren und DOS-Formatieren	Grundformatieren, Partitionieren und DOS-Formatieren
Festplatte neu und unberührt	Partitionieren und DOS-Formatieren	meistens Grundformatieren, Partitionieren und DOS-Formatieren

Tabelle 1.1: Notwendige Arbeitsschritte für verschiedene Probleme

Für das Grundformatieren steht Ihnen kein DOS-Befehl zur Verfügung. Sie können nur

- das BIOS (Basic-Input-Output-System) Ihres Festplattencontrollers oder manchmal der Hauptplatine (Mainboard),
- Festplatten-Diagnoseprogramme
- oder eigene Maschinenprogramme (siehe Anhang B) verwenden.

Grundformatieren hilft Ihnen auch, wenn Sie MS-DOS installieren wollen und das alte Betriebssystem noch nicht gelöscht haben.

Achtung: Nicht jede Festplatte verträgt ein Grundformatieren. Fragen Sie Ihren Händler, auf welche Weise Sie materialschonend vorgehen können.

SETUP-Fallen und Hilfen

1-2 Automatisches SETUP

Ich möchte MS-DOS 6.0 auf meinem System installieren. Was muß ich dabei beachten?

MS-DOS 6.0 läßt sich weitgehend automatisch installieren. Grundsätzlich müssen Sie zwei verschiedene Installationsarten unterscheiden, die auch verschiedene Programmpakete benötigen:

- die Installation als Update bei bestehendem MS-DOS oder PC-DOS mit Version 2.1 oder höher;
- die Erstinstallation von MS-DOS auf einem Rechner.

Tabelle 1.2 gibt Ihnen einen Überblick, wieviel Festplattenspeicher jeweils nötig ist, und wie das Installationsprogramm vorgeht.

Legen Sie die Diskette 1 ein und wechseln zu diesem Laufwerk, um die Installation zu starten. Geben Sie anschließend den Befehl

```
SETUP
```

ein und drücken Sie die Eingabetaste [↵]. SETUP prüft nun, ob auf Ihrem System genügend freier Festplattenspeicher vorhanden ist. Alle möglichen Entscheidungen werden Ihnen am Bildschirm vorgestellt und jeweils die von Microsoft empfohlene Lösung voreingestellt.

Frage	Update	Erstinstallation
Speicherbedarf	bis zu 7 MByte auf der Festplatte plus Platz der alten DOS-Dateien plus 1 bis 2 Disketten für eventuelles Wiederherstellen der alten Version	bis zu 7 MByte Festplattenspeicher
Vorgehen bei neuer Festplatte	nicht möglich	Starten mit Diskette 1 in Laufwerk A:, partitionieren und formatieren, danach wie beim Update (siehe Text unten)

Tabelle 1.2: DOS-Installation

Lesen Sie die möglichen Auswahlpunkte zu einem Befehl und vertrauen sie nicht darauf, daß Microsoft immer die für Sie günstigste Möglichkeit voreinstellt und Sie nur die Eingabetaste [↵] zu drücken brauchen. Falls Sie nicht genügend freien Festplattenspeicher haben, um die von Ihnen gewählten Programme/Programmgruppen zu installieren, kann SETUP z.B. vorschlagen, Ihre Festplatte neu zu formatieren und damit alle Daten auf der Festplatte zu zerstören!

SETUP zeigt Ihnen bei der Auswahl der Zusatzprogramme, wieviel Speicher Sie benötigen und wieviel Speicher Ihr System noch zur Verfügung stellt.

Zu jedem Installationsschritt bietet SETUP Ihnen eine ausführliche Hilfe an. Drücken Sie die Funktionstaste [F1], um die Hilfefunktion aufzurufen.

Falls Sie *nach* der Installation von MS-DOS 6.0 auch noch MS Windows installieren wollen, sollten Sie schon bei der DOS-Installation alle Zusatzprogramme auch in der Windows-Version einrichten. Windows prüft bei der Installation die vorhandenen Anwendungen und schlägt vor, sie in den Programm-Manager einzubinden.

Falls Sie einzelne Zusatzprogramme nachinstallieren wollen, rufen Sie das Installationsprogramm mit dem Befehl SETUP /E auf.

Wiederbeleben

1-3 Dateien expandieren

Ich habe versehentlich eine DOS-Befehlsdatei gelöscht. Muß ich jetzt etwa MS-DOS komplett neu installieren, um wieder mit diesem Befehl arbeiten zu können?

Falls Sie nur eine oder wenige einzelne Datei(en) gelöscht haben, brauchen Sie MS-DOS nicht neu zu installieren. Leider reicht es aber auch nicht, nur die gelöschten Dateien von den Installationsdisketten zu kopieren, da die Dateien auf den Disketten häufig gepackt (komprimiert) sind und entpackt werden müssen, bevor Sie mit Ihnen arbeiten können. Sie erkennen gepackte Dateien am Unterlegstrich »_« als letztem Zeichen der Dateinamenserweiterung.

Am Beispiel DOS-Datei DISKCOPY.COM zeigen wir Ihnen, wie Sie die zugehörige komprimierte Datei auf den Installationsdisketten finden und entpacken (expandieren).

Vor dem Expandieren müssen Sie die komprimierte Datei auf den Installationsdisketten finden. Sie können

- z.B. alle Disketten mit dem Befehl DIR DISKCOPY.* nach einer Datei mit dem Namen DISKCOPY und einer beliebigen Erweiterung durchsuchen.
- Einfacher ist es jedoch, wenn Sie sich den Inhalt aller Installationsdisketten mit dem Befehl MORE < PACKING.LST anzeigen lassen. Die Datei PACKING.LST befindet sich auf der Installationsdiskette 1 und enthält die Datennamen aller ausgelieferten Dateien nach Disketten geordnet (siehe Bild 1.1).

Sie können die Liste der Dateien auch drucken. Geben Sie dazu TYPE PACKING.LST >PRN oder PRINT PACKING.LST ein. In Rezept 5-2 beschreiben wir die verschiedenen Möglichkeiten, Daten auf dem Drucker auszugeben.

Nachdem Sie so herausgefunden haben, daß sich DISKCOPY.CO_ auf der Diskette 2 befindet, können Sie sie expandieren. Legen Sie die Diskette 2 ein und geben Sie den Befehl

EXPAND A:\DISKCOPY.CO_ C:\DOS\DISKCOPY.COM ↵

DOS expandiert dann die Befehlsdatei in das Verzeichnis DOS der Festplatte C:. Anschließend steht Ihnen der Befehl zum Kopieren von Disketten (DISKCOPY) wieder zur Verfügung.

```
Setup-Diskette 2
----------------
8514.VI_                 8514.VID
ANSI.SY_                 ANSI.SYS
APPEND.EX_               APPEND.EXE
CHOICE.COM               CHOICE.COM
DBLSPACE.EX_             DBLSPACE.EXE
DBLSPACE.IN_             DBLSPACE.INF
DBLSPACE.SYS             DBLSPACE.SYS
DEFRAG.EXE               DEFRAG.EXE
DEFRAG.HL_               DEFRAG.HLP
DELOLDOS.EX_             DELOLDOS.EXE
DELTREE.EX_              DELTREE.EXE
DISKCOMP.CO_             DISKCOMP.COM
DISKCOPY.CO_             DISKCOPY.COM
DISPLAY.SY_              DISPLAY.SYS
-- Fortsetzung --
```

Bild 1.1: Ausschnitt aus PACKING.LST mit DISKCOPY.CO_

Allgemein gehört zu dem Befehl EXPAND die folgende Syntax:

EXPAND *[LW:][Pfad]Dateiname1 [LW:][Pfad]Dateiname2 ... Ziel*

Falls Sie keine Zielangaben oder auch keine Quellenangaben machen, fragt DOS nach diesen Daten. Das folgende Bild zeigt Ihnen diese zweite Eingabemöglichkeit:

```
C:\>expand
Geben Sie das Ziel und den Dateinamen der
komprimierten Datei ein, die expandiert werden soll.
(Beispiel: A:\EGA.SY_)

Komprimierte Datei: a:\diskcopy.co_

Geben Sie das Ziel und/oder Dateinamen ein, den Sie der ex-
pandierten Datei geben wollen.
(Beispiel: C:\DOS\EGA.SYS)

Expandiere Datei: c:\dos\diskcopy.com
A:\DISKCOPY.CO_ - C:\DOS\DOSKCOPY.COM
       1 Datei expandiert

C:\>
```

Bild 1.2: EXPAND und „nachtröpfelnde" Angaben zu Quelle und Ziel

Hier kommt keiner 'ran

1-4 Dateien schreibschützen

Ich habe aus Versehen alle Dateien des Hauptverzeichnisses meiner Festplatte gelöscht, obwohl ich doch nur eine Diskette löschen wollte. Bietet MS-DOS einen einfachen Schutz, damit mir diese Panne nicht noch einmal passiert?

MS-DOS enthält kein spezielles Datenschutzprogramm. Sie können aber Dateien oder Verzeichnisse mit Dateiattributen schreibschützen und damit löschschützen. Damit verhindern Sie zumindest das fahrlässige Löschen oder Überschreiben, oder das Verändern durch DOS-Einsteiger.

Wir zeigen Ihnen hier, wie Sie die Attribute der Dateien AUTOEXEC.BAT und CONFIG.SYS unter der DOS Shell und nach der Eingabeaufforderung verändern.

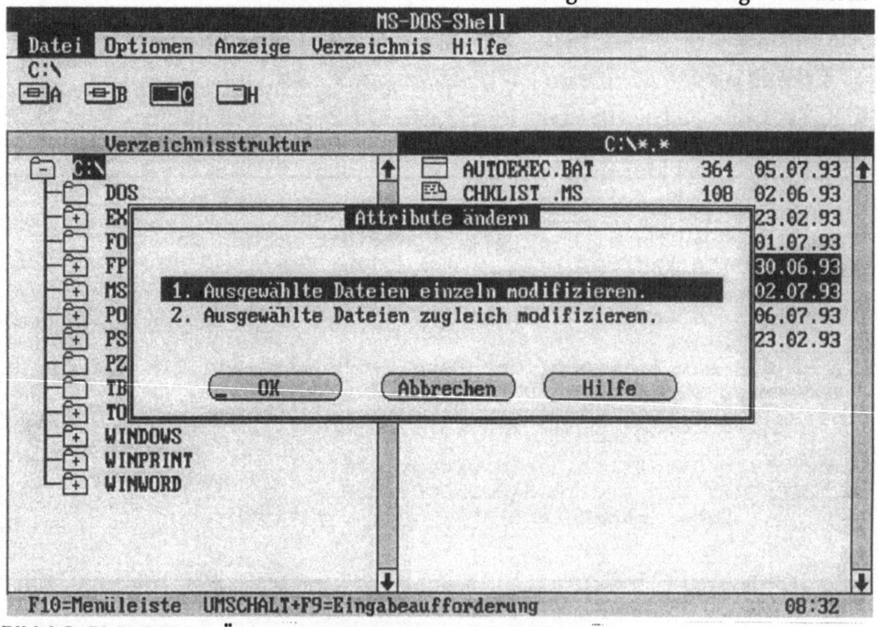

Bild 1.3: Dialogfeld zum Ändern der Dateiattribute mehrerer Dateien

Markieren Sie unter der DOS Shell zuerst die beiden Dateien, indem Sie die erste anklicken und die [Strg]-Taste gedrückt halten, während Sie die zweite Datei anklicken. Wählen Sie anschließend den Befehl »Datei⇒ Attribute ändern«. In einem Dialogfeld fragt DOS, ob Sie beide Dateien zusammen verändern wollen, was in diesem Fall auch sinnvoll ist (siehe Bild 1.3).

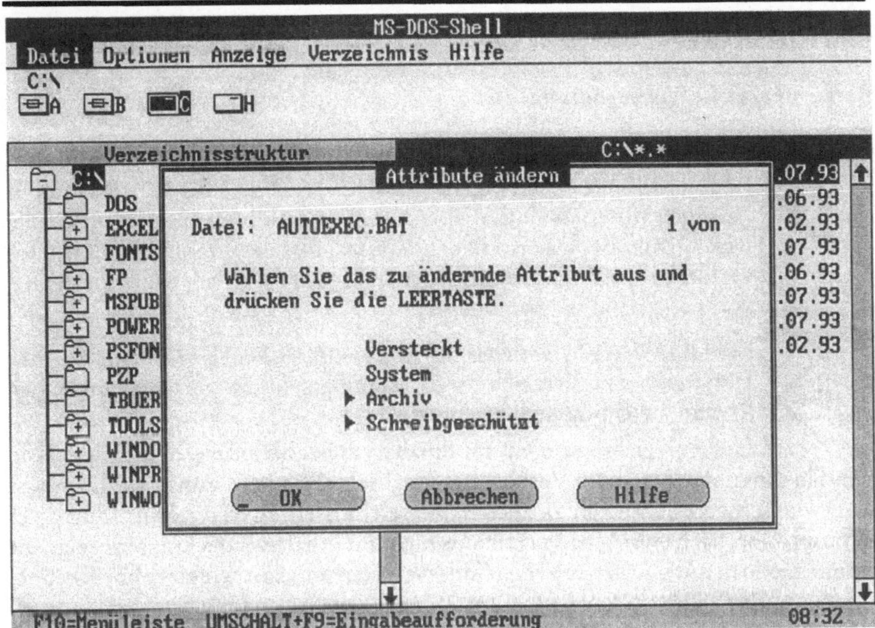

Bild 1.4: Dialogfeld mit Schreibschutz

Anschließend sehen Sie dann ein Dialogfeld mit den möglichen Dateiattributen (Bild 1.4). Ist eine Option durch ein Dreieck markiert, so ist dieses Attribut gesetzt. Sie können ein Attribut mit den Richtungstasten [nach oben] und [nach unten] markieren und durch Drücken der Leertaste setzen oder zurücknehmen. Das Bild 1.4 zeigt das Dialogfeld, nachdem wir das Schreibschutz-Attribut gesetzt haben.

Nach der Eingabeaufforderung tasten Sie im Hauptverzeichnis sehr viel schneller aber weniger anschaulich

ATTRIB +R AUTOEXEC.BAT [↵]
ATTRIB +R CONFIG.SYS [↵]

Anwendungen sind nicht immer in der Lage, schreibgeschützte Startdateien zu verändern. Bevor Sie ein neues Anwendungsprogramm installieren, sollten Sie deshalb die Startdateien AUTOEXEC.BAT und CONFIG.SYS in einem eigenen Verzeichnis sichern (z.B. START\INST3005.93, wenn Sie die Anwendung am 30. Mai installieren) und danach den Schreibschutz für die Originaldateien im Hauptverzeichnis aufheben.

Blinde Kuh

1-5 Verzeichnisse verbergen

In der Dateiliste der DOS Shell oder von Anwendungsprogrammen finde ich die Verzeichnisse DOS und OLD_DOS.1 in Laufwerk C:. Die Angaben stören mich dort aber nur oder verführen experimentierfreudige Anwender, Dateien in den Verzeichnissen zu verändern. Kann ich verhindern, daß die Verzeichnisse angezeigt werden, ohne die Arbeit von DOS damit zu behindern?

MS-DOS versieht Dateien mit sogenannten Dateiattributen, die eine Datei oder ein Verzeichnis als schreibgeschützt, versteckt oder dem System zugehörig kennzeichnen.

Um Verzeichnisse nicht im Inhaltsverzeichnis anzeigen zu lassen, können Sie ihnen das Attribut »Verborgen« (englisch »Hidden«) zuweisen. Damit ist es etwas schwerer, Dateien in diesen Verzeichnissen zu verändern. Unter der Prompt-Oberfläche wird das Verzeichnis nicht im Inhaltsverzeichnis angezeigt, Sie können jedoch mit CD in das Verzeichnis wechseln und dort wie gewohnt arbeiten.

Die Attribute von Verzeichnissen können Sie nur unter der Prompt-Oberfläche oder mit MS Windows verändern. Sie geben dort den Verzeichnisnamen genauso ein, wie Sie Dateinamen eingeben würden. Zum Verbergen des Verzeichnisses DOS geben Sie ein:

ATTRIB C:\DOS +H [↵]

```
C:\>attrib \dos +h

C:\>dir *.

 Datenträger in Laufwerk C ist HD-PROGRAMM
 Datenträgernummer: 1ABC-74E2
 Verzeichnis von C:\

WINSTAND     <DIR>      18.03.92   11:32
VENTURA      <DIR>      18.03.92   11:23
WIN31        <DIR>      18.03.92   13:05
TYPESET      <DIR>      18.03.92   11:27
PSFONTS      <DIR>      09.06.92   22:03
        5 Datei(en)           0 Byte
                      7501824 Byte frei
C:\>cd dos

C:\>DOS
```

Bild 1.5: Arbeiten mit verborgenen Verzeichnissen

Anschließend sehen Sie die Datei nicht mehr in der Verzeichnisliste, können aber noch in das Verzeichnis wechseln (siehe Bild1.5).

Sie können auch nach dem Verbergen des DOS-Verzeichnisses problemlos mit DOS arbeiten. DOS ist nicht auf die Darstellung einer Datei- und Verzeichnisliste angewiesen, sondern greift direkt auf bestimmte Dateien in einem Verzeichnis zu.

Allgemein können Sie zum Schreibschützen oder Freigeben die folgende Syntax verwenden:

ATTRIB [*LW:*]*Pfad* [+H | -H]

- Pfad bezeichnet dabei das Verzeichnis, das Sie verbergen oder hervorholen möchten,
- +H setzt das Verberge-Attribut,
- -H löscht es wieder.

Geben Sie weder +H noch -H an, zeigt DOS die Attribute der gewünschten Datei oder des Verzeichnisses.

Nachdem Sie ein Verzeichnis versteckt haben, sehen Sie es unter der DOS Shell nur, wenn Sie die Option »Versteckte/Systemdateien anzeigen« gewählt haben. TREE zeigt das Verzeichnis und seine Unterverzeichnisse nicht. Auch die versteckten Dateien, Verzeichnisse und Systemdateien werden mit

- dem Befehl CHKDSK /V und
- dem undokumentierten Befehl DIR , (DIR »Komma«)

angezeigt.

Das Rettungsboot

1-6 Notstartdiskette einrichten

Ich habe MS-DOS 6.0 auf einer Festplatte in meinem System installiert. Wie kann ich mich nun davor schützen, daß ich nach einem versehentlichen Löschen von DOS oder wichtigen Dateien oder bei kleinen Festplattenfehlern mein System nicht mehr benutzen kann?

Nachdem Sie MS-DOS 6.0 installiert haben, sollten Sie eine Startdiskette für Notfälle erstellen. Auf diese Notstartdiskette gehören die DOS-Systemdateien, die Startdateien, bestimmte Programme, die gelöschte Dateien wiederbeleben, und falls möglich, die Treiberdateien für Ihre aktuelle Konfiguration.

Legen Sie eine Diskette in das Laufwerk A: Ihres Systems und geben Sie nacheinander die folgenden Befehle unter der Prompt-Oberfläche von DOS ein, um eine

Notstartdiskette zu erstellen (wir gehen dabei davon aus, daß das Hauptverzeichnis von Laufwerk C: das aktuelle Verzeichnis ist):

```
FORMAT A: /S /V ↵
COPY AUTOEXEC.BAT A: ↵
COPY CONFIG.SYS A: ↵
COPY DOS\FDISK.EXE A: ↵
COPY DOS\FORMAT.COM A: ↵
COPY DOS\UNFORMAT.COM A: ↵
COPY DOS\RESTORE.EXE A: ↵
COPY DOS\UNDELETE.EXE A: ↵
COPY DOS\SYS.COM A: ↵
```

Nach dem gleichen Schema können Sie auch noch alle in den Startdateien AUTOEXEC.BAT und CONFIG.SYS genannten Treiberprogramme auf die Diskette kopieren. Anschließend sollten Sie in CONFIG.SYS und AUTOEXEC.BAT die Pfadangaben für die Treiberdateien (z.B. DEVICE=C:\DOS\SMARTDRV.SYS) so ändern, daß die Dateien in Laufwerk A: gesucht werden (z.B. DEVICE=A:\SMARTDRV.SYS), und in der PATH-Zeile der AUTOEXEC.BAT den Pfad A:\ ergänzen.

Wenn Sie MS-DOS 6.0 als Update installiert haben und den Ur-Editor EDLIN noch nicht von Ihrer Festplatte verbannt haben, sollten Sie auch diesen kopieren, da Sie mit ihm zuverlässig Textdateien bearbeiten können (z.B. Ihre CONFIG.SYS).

Falls Ihr System jetzt einmal nicht oder nur fehlerhaft startet, können Sie die Notstartdiskette vor dem Start in Laufwerk A: einlegen und den Rechner starten. Ihnen steht am Ende des Startvorgangs dann die gewohnte Konfiguration zur Verfügung und können mit den wichtigsten Programmen arbeiten, um Ihr System wieder zum „Laufen" zu bringen.

Alt, aber nicht unbrauchbar

1-7 Alte DOS-Programme

Ich habe MS-DOS 6.0 als Update von Version 5.0 installiert. Immer, wenn ich das Programm EDLIN oder den Befehl JOIN aufrufe, zeigt DOS die Fehlermeldung »Falsche DOS-Version«. Sind die Programmdateien fehlerhaft, oder mache ich irgendetwas falsch?

Weder noch! Der Zeileneditor EDLIN und genauso z.B. die DOS-Befehle ASSIGN, JOIN, RECOVER, ... sind Programme früherer DOS-Versionen, die nicht mehr für Version 6.0 aktualisiert wurden. Beim Update werden diese Programmdateien aber nicht gelöscht oder überschrieben, sondern bleiben erhalten.

Diese Programme fragen beim Aufruf jeweils die DOS-Version ab, um den ordnungsgemäßen Befehlsablauf sicherzustellen. Die Versionsangabe »6.0« führt dann zu der Fehlermeldung.

Sie können diese Programme jedoch „überlisten". Das Programm SETVER teilt einem Programm bei der Versionsabfrage eine vorher von Ihnen festgelegte Zahl mit. Installieren Sie dazu SETVER.EXE mit einem DEVICE- oder DEVICEHIGH-Befehl in der CONFIG.SYS (siehe auch Kapitel 7). Bei einem Update wird SETVER auch bereits bei der DOS-Installation in die CONFIG.SYS eingetragen. Ihre CONFIG.SYS sollte die folgende Zeile oder eine ähnliche enthalten, um SETVER zu installieren:

DEVICEHIGH=C:\DOS\SETVER.EXE

```
C:\>setver

KERNEL.EXE        5.00
NETX.COM          5.00
BACKUP.EXE        5.00
ASSIGN.COM        5.00
EXE2BIN.EXE       5.00
JOIN.EXE          5.00
RECOVER.EXE       5.00
GRAFTABL.COM      5.00
LMSETUP.EXE       5.00
STACKER.COM       5.00
XTRADRV.SYS       5.00
2XON.COM          5.00
WINWORD.EXE       4.10
EXCEL.EXE         4.10
```

Bild 1.6: SETVER mit Teilliste

SETVER enthält eine Liste von Programmen und den zugehörigen Versionsnummern. Die Programme EDLIN, ASSIGN, JOIN usw. sind bereits in dieser Liste enthalten. Sie können diese Liste nach der Eingabeaufforderung mit

SETVER [↵]

ansehen. Das Bild 1.6 zeigt den Teil der Liste mit der Versionsvorgabe für bestimmte DOS-Programme.

In Kapitel 2 zeigen wir Ihnen in Rezept 2-4, wie Sie die Versionsliste von SETVER pflegen können.

Hilfe, da ist eine Neue

1-8 Systemdateien

Bei einer Routineüberprüfung meines Systems habe ich mehrere Dateien gefunden, die als Systemdatei gekennzeichnet waren. Ich kannte bisher aber nur die Systemdateien IO.SYS und MSDOS.SYS!

11 Jahre lang gehörten zu MS-DOS ausschließlich die Systemdateien MSDOS.SYS und IO.SYS. Vor ein paar Jahren kam zusätzlich die Auslagerungsdatei 386SPART.PAR, die Windows als permanente Auslagerungsdatei verwendet.

Aber auch MS-DOS hat in dieser Beziehung Zuwachs bekommen. Falls Sie das Komprimierungsprogramm DoubleSpace installiert haben (siehe Kapitel 3, Rezept 3-5), kennzeichnet DOS die Datei DBLSPACE.INI zusätzlich als Systemdatei. Damit wird diese Datei schon zu Beginn des Systemstarts gelesen und kann die komprimierten Laufwerke von Anfang an verwalten und unübersichtliche Laufwerksumlenkungen vermeiden.

```
C:\>dir /a:s

 Datenträger in Laufwerk C ist HD-PROGRAMM
 Datenträgernummer: 1ABC-74E2
 Verzeichnis von C:\

IO        SYS      40767 10.03.93    6:00
MSDOS     SYS      38186 10.03.93    6:00
386SPART  PAR    6199296 15.06.93   20:57
DBLSPACE.INI        1060 10.03.93    6:00
        4 Datei(en)      6279309 Byte
                         7499776 Byte frei

C:\>
```

Bild 1.7: Dateiliste mit allen Systemdateien

Falls Sie einmal versuchen, die Attribute der Systemdateien oder verborgener Dateien zurückzusetzen, z.B. um Sie ungehindert kopieren zu können, zeigt DOS Ihnen nur eine Fehlermeldung und verweigert die Arbeit. Sie müssen jedoch nicht erst extra die DOS Shell oder Windows starten, um diese Attribute doch noch zu verändern. Mit dem Befehl

ATTRIB , [↵]

löschen Sie sämtliche Dateiattribute aller Dateien des aktuellen Verzeichnisses. Sie können diesen Befehl jedoch nicht auf bestimmte Dateien beschränken.

Insider-Infos

1-9 Systeminformationen mit MSD

Mir genügen die bekannten Befehle nicht, mit denen ich Informationen über mein System abfragen kann, wie MEM, VER, CHKDSK u.a. Gibt es noch weitergehende Befehle oder Programme?

MS-DOS 6.0 kennt außer den genannten Befehlen noch weitergehende Informationsmöglichkeiten. Sie erhalten damit Informationen über

- die aktuelle DOS-Version oder
- das System bzw. die Hardware allgemein.

Der bekannte Befehl VER zeigt an, welche DOS-Version zur Zeit installiert ist. Weitergehende Informationen erhalten Sie mit dem undokumentierten Befehl

VER /R [↵]

Diese Variante zeigt Ihnen genauer, welche Revision, also interne Überarbeitung installiert ist, oder ob es gar eine Vorab-Version ist. Außerdem sehen Sie, ob DOS im hohen Speicher installiert ist oder nicht (siehe Bild 1.8).

```
C:\>ver /r

MS-DOS Version 6.00
Revision A
DOS ist im oberen Speicherbereich (High Memory Area)

C:\>
```

Bild 1.8: Versionsauskunft mit VER /R

Ausführliche Informationen zur gesamten Hardware und zu DOS erhalten Sie mit dem neuen (noch englischsprachigen) Programm MSD. MSD steht für Microsoft System-Diagnose (bzw. das englische Gegenstück). MSD bietet Ihnen eine menügeführte, grafische Benutzeroberfläche, die Sie auch mit der Maus bedienen können.

Mit MSD erhalten Sie tiefere Einblicke in

- die aktuelle DOS-Version,
- die Dateien mit den Systeminformationen (CONFIG.SYS, WIN.INI u.a.),
- die Speicherbelegung
- die installierten Schnittstellen und ihre Adressen,
- den Maustreiber,
- die Laufwerke,
- den Prozessor und die Grafikkarte und
- die Belegung der IRQs.

Im Bild 1.9 sehen Sie als Beispiel die Speicheranzeige von MSD.

MSD prüft nach dem Starten die Hardware und die Software. Falls MSD nicht ordnungsgemäß startet, können Sie diese Prüfung auch umgehen und MSD so möglicherweise doch noch starten. Geben Sie dazu den Befehl MSD /I [↵].

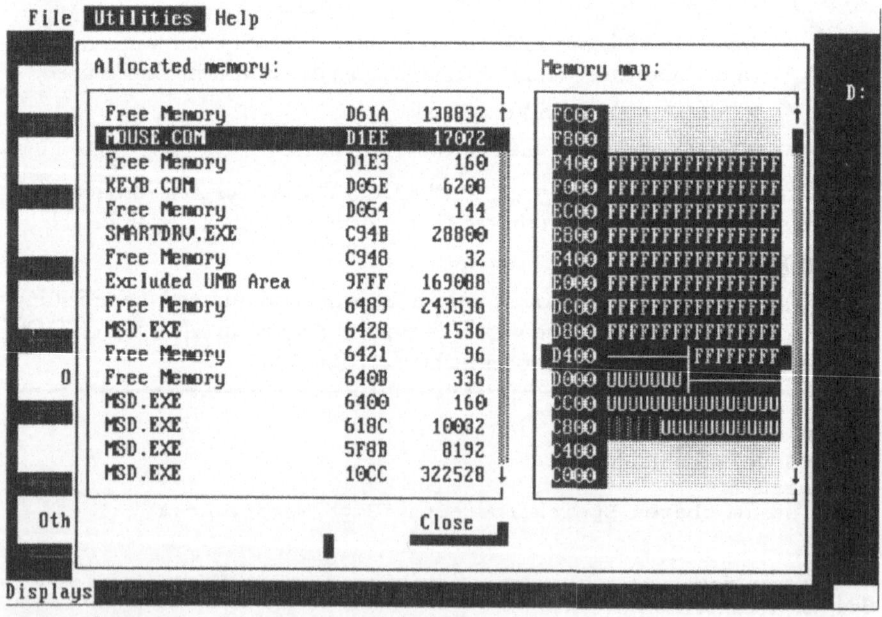

Bild 1.9: Überblick über die Speicherbelegung mit MSD

2 Anwendungen installieren

Bäume pflanzen

2-1 Verzeichnisse/Pfade einrichten

Bisher habe ich alle Anwendungsprogramme in einem eigenen Verzeichnis auf der Festplatte installiert, welches Unterverzeichnis zum Hauptverzeichnis ist. Dabei verliere ich langsam die Übersicht. Ist es sinnvoll, die Anwendungen in Verzeichnissen zusammenzufassen, und sollten vielleicht die Datendateien besondere Verzeichnisse erhalten?

Mehr als fünf oder sechs Anwendungen in einzelnen Verzeichnissen zu verwalten, wird auch unter der DOS Shell oder dem Windows Datei-Manager schnell mühsam, wenn Sie die Verzeichnisse nicht gruppieren. Falls Sie einen Verzeichnisnamen einmal vergessen sollten, finden Sie ihn schneller in der Verzeichnisstruktur wieder, wenn Sie sich an einem Baum entlangarbeiten, als wenn Sie die Namen zahlreicher Unterverzeichnisse des Hauptverzeichnisses lesen müssen. Die Bilder 2.1 und 2.2 zeigen zuerst eine unübersichtliche Verzeichnisstruktur mit nur zwei Ebenen, darunter eine gruppierte Struktur mit verschiedenen sinnvollen Ebenen und nur wenigen Unterverzeichnissen pro Zweig.

```
C:\>dir *.
 Datenträger in Laufwerk C ist HD-PROGRAMM
 Datenträgernummer: 1ABC-74E2
 Verzeichnis von C:\

DOS          <DIR>      18.03.92    11:21
WINSTAND     <DIR>      18.03.92    11:32
VENTURA      <DIR>      18.03.92    11:23
WIN31        <DIR>      18.03.92    13:05
TYPESET      <DIR>      18.03.92    11:27
PSFONTS      <DIR>      09.06.92    22:03
WORD         <DIR>      18.06.93    16:17
WINWORD      <DIR>      18.06.93    16:17
DBASE        <DIR>      18.06.93    16:17
EXCEL        <DIR>      18.06.93    16:17
TPW          <DIR>      18.06.93    16:17
SPIELE       <DIR>      18.06.93    16:17
ZEITPLAN     <DIR>      18.06.93    16:17
PZP          <DIR>      18.06.93    16:17
LASSO        <DIR>      18.06.93    16:18
       16 Datei(en)              0 Byte
                   7483392 Byte frei

C:\>
```

Bild 2.1: Inhaltsverzeichnis mit vielen Unterverzeichnissen

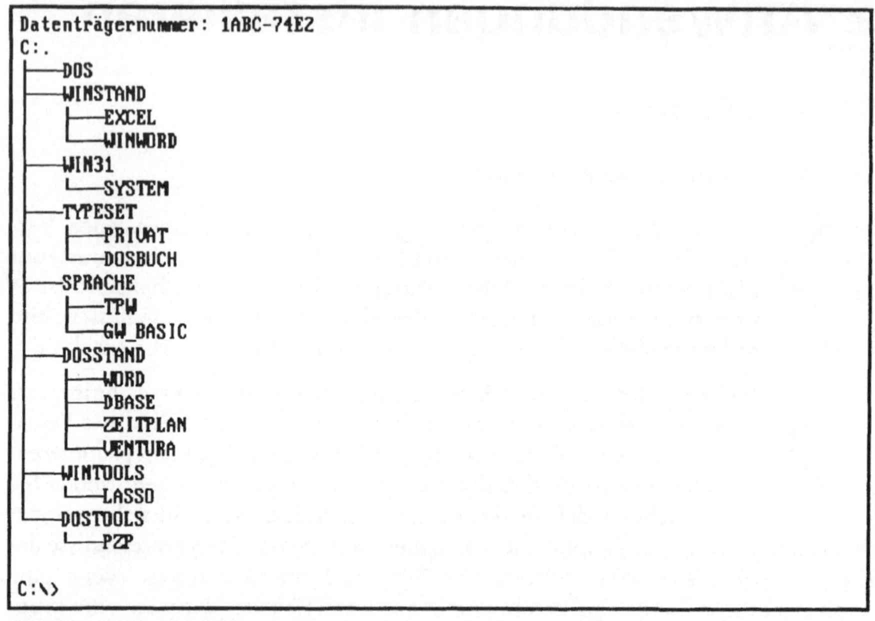

```
Datenträgernummer: 1ABC-74E2
C:.
├───DOS
├───WINSTAND
│   ├───EXCEL
│   └───WINWORD
├───WIN31
│   └───SYSTEM
├───TYPESET
│   ├───PRIVAT
│   └───DOSBUCH
├───SPRACHE
│   ├───TPW
│   └───GW_BASIC
├───DOSSTAND
│   ├───WORD
│   ├───DBASE
│   ├───ZEITPLAN
│   └───VENTURA
├───WINTOOLS
│   └───LASSO
└───DOSTOOLS
    └───PZP

C:\>
```

Bild 2.2: Sinnvolle Verzeichnisstruktur

Wir empfehlen Ihnen, als Unterverzeichnisse des Hauptverzeichnisses die Verzeichnisse DOSTOOLS, WINTOOLS, DOSSTAND und WINSTAND einzurichten, die Tools (Werkzeuge, Hilfsprogramme) für DOS und Windows und Standard-Anwendungen für DOS und Windows jeweils in eigenen Verzeichnissen enthalten. Das Bild 2.2 zeigt ein Beispiel, wie viele Programme sinnvoll auf die oben genannten Verzeichnisse verteilt werden können.

Sie sollten nicht mehr als fünf Unterverzeichnisse für Anwendungen in diesen Verzeichnissen einrichten. Falls Sie z.B. sehr viele Windows-Anwendungen verwenden, sollten Sie für diese weitere Untergruppen wie WINTEXT und WINTABEL einrichten oder diese Gruppe gleich anstelle von WINSTAND verwenden.

Noch übersichtlicher wird Ihre Datenstruktur, wenn Sie Unterverzeichnisse für die Datendateien in den Programmverzeichnissen einrichten.

- Die Programmdateien von Word für Windows würden Sie dann z.B. im Verzeichnis \WINSTAND\WINWORD installieren, die Daten dagegen im Verzeichnis \WINSTAND\WINWORD\TEXTE speichern.
- Eine andere sinnvolle Struktur würde die Datenverzeichnisse in einem eigenen Baum einordnen, z.B. als \DATEN\TEXTE und \DATEN\TABELLEN.

Im weiteren Verlauf dieses Kapitels zeigen wir Ihnen in Rezept 2-5 dazu, wie Sie Programme so starten, daß die Datendateien automatisch im Datenverzeichnis und nicht im Programmverzeichnis oder anderswo gesucht werden.

Für Pfadfinder I

2-2 Suchpfade erweitern

Ich möchte für eine einzelne Arbeitssitzung den DOS-Suchpfad für Programmdateien erweitern, ohne den alten Pfad neu abzutippen. Kann ich den Pfad mit einem Befehl ergänzen und die alten Daten übernehmen?

MS-DOS 6.0 kennt keinen Befehl, um die Pfadangabe nur zu ergänzen. Der Befehl PATH legt bei jedem Aufruf einen neuen Suchpfad als Umgebungsvariable an. Falls Sie die alten Pfadangaben übernehmen möchten, müßten Sie eigentlich die alten Angaben neu eintippen.

Sie können auch die DOS-Umgebungsvariable PATH mit %PATH% in die Befehlszeile PATH ... einbinden, wie wir es im folgenden Beispiel zeigen. Dort hängen wir an den bestehenden Suchpfad die Verzeichnisse C:\DOSSTAND\DBASE und C:\DOSSTAND\WORD an:

```
PATH %1PATH%1;C:\DOSSTAND\DBASE;C:\DOSSTAND\WORD ↵
```

Die Umgebungsvariable PATH enthält immer den aktuellen Suchpfad, wie Sie ihn mit dem PATH-Befehl festgelegt haben.

Mit einem kleinen Stapelprogramm können Sie sich noch einmal viel Arbeit ersparen. Im unten abgebildeten Programm sehen Sie ein Beispiel für ein Pfad-Ergänzungsprogramm, das wir PFAD.BAT genannt haben:

```
@echo off
rem Programm zum Ergänzen des DOS-Suchpfades
rem Als Parameter eingegebener Pfad wird an bestehenden Suchpfad angehängt
path %path%;%1
echo Suchpfad um %1 ergänzt!
```

Im Programm PFAD.BAT wird in der Zeile PATH ... die Umgebungsvariable PATH neu definiert. Als Inhalt erhält Sie die Daten, die in der Variablen PATH bisher gespeichert waren (mit %PATH%). Hinter diese Angabe wird noch der Pfad angehängt, der in der Programmzeile als Parameter eingegeben wurde (mit %1). Die Variable PATH enthält nach der Programmausführung zusätzlich zum alten noch einen neuen Suchpfad.

Im folgenden Bild verwenden wir das Programm PFAD.BAT. Ergänzend zum Pfad C:\DOS soll DOS noch in C:\DOSSTAND\DBASE nach Dateien suchen. Den Suchpfad nach Ausführen des PATH-Befehls haben wir anschließend mit PATH abgefragt.

```
C:\>pfad c:\dosstand\dbase
Suchpfad um c:\dosstand\dbase ergänzt
C:\>path
PATH=C:\DOS;C:\WIN31;D:\TOOLS;C:\DOSSTAND\DBASE

C:\>
```

Bild 2.3: Anwenden des Programms PFAD.BAT und Pfad-Abfrage

Pfadangaben für Windows-Programme werden mit der Windows-Version 3.1 überflüssig. Sie sollten sie darum löschen, wenn die PATH-Zeile zu lang wird. Ist die Zeile immer noch zu lang, können Sie mit dem SUBST-Befehl Verzeichnisse in logische Laufwerke umleiten, deren Pfadangaben natürlich sehr viel kürzer sind (siehe Rezept 7-17).

Für Pfadfinder II

2-3 Suchpfade automatisch laden

Ich habe ein neues Programm auf meiner Festplatte installiert und möchte den Verzeichnispfad für dieses Programm in jeder Arbeitssitzung als DOS-Suchpfad vorfinden.

Suchpfade, in denen DOS bei jeder Arbeitssitzung nach Programmdateien suchen soll, installieren Sie in der AUTOEXEC.BAT. DOS speichert die Pfade dann zu Beginn jeder Sitzung automatisch, und Sie müssen die Pfade nicht jedesmal eintippen.

Bevor Sie jedoch die AUTOEXEC.BAT verändern, sollten Sie eine Sicherheitskopie der aktuellen Fassung unter einem neuen Namen speichern (z.B. AUTOEXEC.OLD) bzw. zur Sicherheit in ein Verzeichnis \SYSTEM kopieren. Außerdem sollten Sie sicherstellen, daß Sie DOS zur Not auch von einer Diskette aus starten können (siehe Kapitel 1). Sie können so die Arbeitsfähigkeit Ihres Systems schnell wieder herstellen, falls Ihnen Fehler unterlaufen.

Verändern Sie die AUTOEXEC.BAT mit einem Textprogramm, das reine ASCII-Texte ohne Steuerzeichen erstellt. Der MS-DOS Editor ist ein solches Programm. Suchen Sie in der AUTOEXEC.BAT die Zeile, die mit PATH beginnt. Bewegen Sie die Schreibmarke an das Ende dieser Zeile, und ergänzen Sie den Pfad. Vergewissern Sie sich, daß zwischen dem letzten alten Pfad und dem neuen Suchpfad ein Semikolon steht.

Die Zeile unten zeigt Ihnen eine typische PATH-Zeile in der AUTOEXEC.BAT. Die neuen Angaben würden Sie hinter C:\VENTURA mit einem führenden Semikolon eingeben.

PATH C:\DOS;D:\WORD5;C:\WIN31;D:\WINTOOLS\WINSHARE;C:\VENTURA

Alt, aber nicht unbrauchbar II

2-4 DOS-Version vorgaukeln

Ich arbeite gelegentlich mit einem älteren Anwendungsprogramm, das lange vor MS-DOS 6.0 geschrieben wurde. Nach einem Update von DOS läuft das Programm nicht mehr zuverlässig. Muß ich mich jetzt von meinem „Oldtimer" trennen?

Grundsätzlich kann es sein, daß ältere Anwendungen nicht kompatibel zu MS-DOS 6.0 sind. Manche Programme fragen die DOS-Versionsnummer ab. Für die Version 6.0 hat das Programm vielleicht noch keine Lösung vorgesehen, und das Programm ist „ratlos".

Sie können diese Programme jedoch meist überlisten. Das Programm SETVER teilt einem Programm bei der Versionsabfrage eine vorher von Ihnen festgelegte Zahl mit. Installieren Sie dazu SETVER.EXE mit einem DEVICE- oder DEVICEHIGH-Befehl in der CONFIG.SYS (siehe auch Kapitel 7). Das folgende Listing zeigt einen Ausschnitt aus der CONFIG.SYS mit dem Aufruf von SETVER.

```
[DOS]
INCLUDE WIN
DEVICEHIGH=C:\DOS\ANSI.SYS
DEVICEHIGH=C:\DOS\SETVER.EXE
...
```

SETVER enthält eine Liste von Programmen und den zugehörigen Versionsnummern. Sie können diese Liste mit dem Befehl

SETVER [↵]

nach dem DOS-Prompt ansehen. Um ein neues Programm in die Versionsliste aufzunehmen, zum Beispiel MEINPROG mit der Versionsangabe »3.01«, tippen Sie

SETVER C:\PROG\MEINPROG.EXE 3.01 [↵]

Allgemein verwenden Sie die Syntax:

SETVER [*LW*:][*Pfad*\]*Dateiname n.nn* [↵]

n.nn gibt die gewünschte Versionsnummer an.

Das folgende Bild zeigt einen Teil der Liste, die nach Installation von DOS vorliegt und den von uns vorgenommenen Eintrag für das Programm MEINPROG und die Version 3.01.

```
MSCDEX.EXE       4.00
NET.EXE          4.00
NET.COM          3.30
NETWKSTA.EXE     4.00
DXMA0MOD.SYS     3.30
BAN.EXE          4.00
BAN.COM          4.00
DD.EXE           4.01
DD.BIN           4.01
REDIR.EXE        4.00
SYQ55.SYS        4.00
SSTDRIVE.SYS     4.00
ZDRV.SYS         4.01
ZFMT.SYS         4.01
TOPSRDR.EXE      4.00
MEINPROG.EXE     3.01

C:\>
```

Bild 2.4: SETVER mit Teilliste und Beispiel

Einen Eintrag für das Programm *Dateiname* löschen Sie mit dem Befehl

SETVER [*LW:*][*Pfad*\\]*Dateiname* /DELETE

wieder aus der Liste .

Achtung! Fertig! Los!

2-5 Programme starten (Überblick)

Die Prompt-Oberfläche von DOS, die DOS Shell und Windows bieten mir verschiedene Möglichkeiten, Anwendungen zu starten. Welche Vorteile bieten sie?

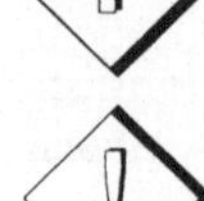

Grundsätzlich kann man Anwendungen unter DOS und Windows auf drei verschiedene Arten starten:

- durch manuelles Aufrufen der Programmdatei,
- mit einem Stapelprogramm und
- mit einer Programmzuordnung unter der DOS Shell bzw. einem Symbol unter Windows.

Die Tabelle 2.1 gibt Ihnen einen Überblick:

Startweg	DOS-Eingabeaufforderung	DOS Shell	MS Windows
manuell	Pfad wechseln, Programmname eingeben, evtl. Dateiname als Parameter	Pfad wechseln, Datei auswählen (Doppelklick oder ↵)	Pfad wechseln, Datei auswählen (Doppelklick oder ↵)
mit Suchpfad	Programmname eingeben, evtl. Dateiname als Parameter	»Datei⇒Ausführen«, Programmname eingeben	»Datei⇒Ausführen«, Programmname eingeben
Stapelprogramm	Programmname eingeben, Datendatei fest im Programm oder als Parameter	Stapeldatei auswählen (Doppelklick oder ↵)	Stapeldatei auswählen (Doppelklick oder ↵)
Programmzuordnung		Anwendungsname auswählen (Doppelklick oder ↵), evtl. Datendatei in Dialogfeld	
Menü/Icon			Icon auswählen (Doppelklick oder ↵)

Tabelle 2.1: Möglichkeiten des Programmstarts

Mit einem Stapelprogramm verkürzen Sie die Arbeit zum Starten eines Programms gegenüber einer manuellen Eingabe. Das folgende Listing zeigt ein Stapelprogramm WRDSTART.BAT zum Starten von Word 5.5. Dabei wird Word so gestartet, daß das Datenverzeichnis DOSSTAND\WORD\TEXTE als Verzeichnis zum Laden und Speichern von Dateien voreingestellt ist. Sie ersparen sich also den Verzeichniswechsel in Word. Geben Sie beim Aufrufen von WRDSTART zusätzlich eine Datei als Parameter an, um sie sofort in den Arbeitsbereich von Word zu laden.

```
@echo off
rem Program zum Starten von WORD 5.5, ggf. mit Datendatei
rem Arbeitsverzeichnis wird voreingestellt
c:
cd \dosstand\word\texte
```

```
word %1
cd \
```

Dieses Beispiel können Sie leicht auf andere Anwendungen übertragen.

Eine weitere Möglichkeit, Programme zu starten, sind die Programmzuordnungen der DOS Shell. Sie können dort im Programm-Manager z.B. eine Programmzuordnung »MS Word 5.5« einrichten. Programmzuordnungen gliedern Sie bei Bedarf in Programmgruppen. Innerhalb der Programmzuordnung legen Sie z.B. das Anfangsverzeichnis zum Laden und Speichern von Datendateien fest, wie auch mit einem Stapelprogramm. Zusätzlich können Sie ein Paßwort vergeben, das der Benutzer eingeben muß, bevor das Programm gestartet wird. Sie können die Benutzerfreundlichkeit noch verbessern, indem Sie selber ein Dialogfeld einrichten, das DOS zeigt, wenn die Programmzuordnung aufgerufen wird. In diesem Dialogfeld können Sie den Benutzer z.B. auffordern, den Namen der zu ladenden Datendatei einzugeben.

In den nächsten beiden Rezepten zeigen wir Ihnen, wie Sie Programmzuordnungen einrichten. In Kapitel 4 schließen wir diesen Bereich mit verknüpften Dateien ab (Rezept 4-12).

Modernes Management

2-6 Programmzuordnungen einrichten

Ich arbeite häufig mit der DOS Shell. Dabei ist es mir zu umständlich, Programme durch Auswahl der Programmdatei aus dem Dateifeld zu starten. Wie kann ich unter der DOS Shell die bestehenden Programmzuordnungen im Programm-Manager erweitern und eigene Programmzuordnungen einrichten?

Unter der DOS Shell starten Sie Programme einfach und bequem mit dem Programm-Manager. Eine Programmzuordnung erlaubt Ihnen, Programme mit Parametern zu starten und auch ein Arbeitsverzeichnis anzugeben.

Um eine neue Programmzuordnung einzurichten, müssen Sie

1. den Programm-Manager mit der Maus oder mit der Tabulatortaste [Tab] auswählen,
2. den Befehl »Datei⇒Neu« und im Dialogfeld das neue Programmobjekt »Programm« auswählen,
3. in dem Dialogfeld Angaben zum zu startenden Programm machen (siehe Bild 2.5).

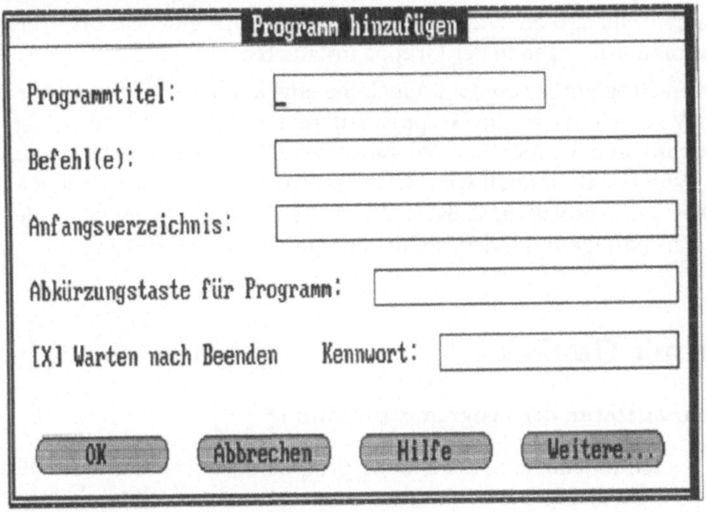

Bild 2.5: Dialogfeld zu neuer Programmzuordnung

Die einzelnen Auswahlfelder haben die folgende Bedeutung:

- Mit *Programmtitel* legen Sie fest, welcher Namen für das Programm im Programm-Manager erscheinen soll;
- In *Befehl(e)* legen Sie den Namen und ggf. den Pfad der Programmdatei und die Parameter fest, die das Programm zum Starten benötigt;
- Im *Anfangsverzeichnis* sucht DOS nach den Datendateien, die vom Programm angefordert werden (z.B. beim Laden von Daten in ein Programm);
- Mit der *Abkürzungstaste* können Sie unter der DOS Shell bei gleichzeitiger Verwendung mehrerer Programme schnell zu der Anwendung umschalten;
- Warten nach Beenden legt fest, daß DOS nach dem Beenden des Programms einen Tastendruck verlangt, bevor es zur DOS Shell zurückkehrt. Sie sollten diese Spielerei immer ausschalten, da sie meist nur die Arbeit behindert;
- Das *Kennwort* verlangt DOS, bevor das Programm gestartet wird. Da dieses Paßwort nur leicht verschlüsselt in der DOSSHELL.INI gespeichert wird, bietet es keinen sehr großen Schutz vor Spionen und Datendieben;
- Hinter *Weitere ...* zeigt DOS ein weiteres Dialogfeld. Dort können Sie noch Angaben zu den Speicheranforderungen des Programms machen oder einen eigenen kurzen Hilfetext eingeben. Die dort voreingestellten Angaben müssen jedoch nur selten verändert werden.

Wenn Sie Ihre Programmzuordnungen in einer eigenen Struktur anlegen wollen, können Sie Programmgruppen einrichten. Wählen Sie dazu im Programm-Manager nach dem Befehl »Datei⇒Neu« die Option »Programmgruppe« als neues Programmobjekt. Für die Programmgruppe brauchen Sie nur noch einen beliebigen Namen einzugeben und können dann anschließend wie oben beschrieben Programmzuordnungen in der Gruppe installieren.

Mit diesen Programmgruppen können Sie eine ähnliche Baumstruktur erstellen, wie mit Verzeichnissen. Die Gruppierkriterien müssen jedoch nicht übereinstimmen, ebenso sind Sie nicht auf Vorgaben der DOS-Dateiverwaltung angewiesen. Häufig kann es z.B. sinnvoll sein, ein Programm verschiedenen Gruppen zuzuordnen. Dies kann bedeuten, daß Sie den MS-DOS Editor sowohl in die Gruppe »Textverarbeitung« einbinden, als auch in die »Systemverwaltung«.

Start mit Gepäck

2-7 Parameter in der Programmzuordnung

Ich möchte ein Anwendungsprogramm, das ich mit einer Programmzuordnung starte, eine bestimmte Datendatei öffnen lassen. Muß ich diese Datendatei in der Programmzuordnung angeben?

Wenn Sie ein Programm über die Programmzuordnung unter der DOS Shell starten, können Sie festlegen, daß sich vor dem Starten des Programms ein Dialogfeld öffnet, in dem der Benutzer zusätzliche Daten eingeben kann. Das Bild 2.6 zeigt ein solches Dialogfeld.

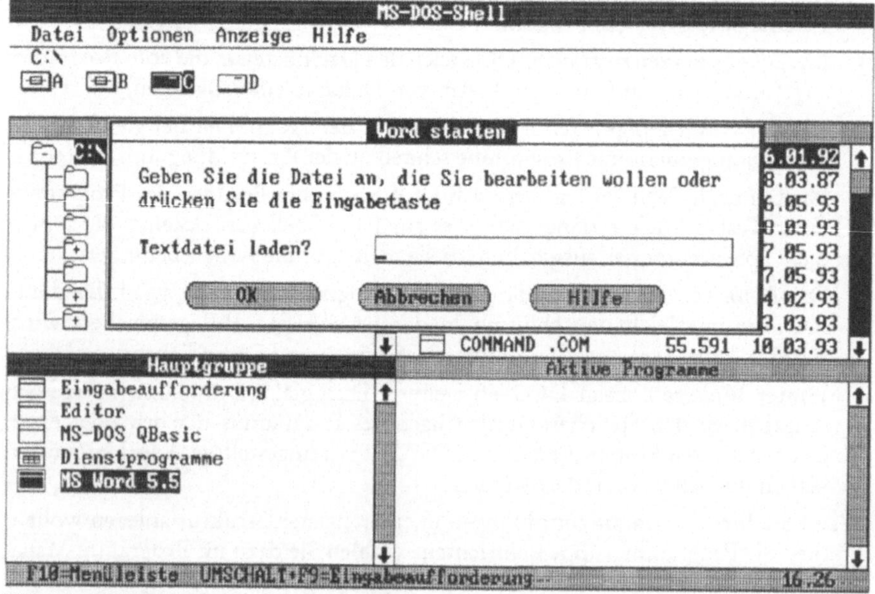

Bild 2.6: Dialogfeld zum Starten von Word 5.5

Dialogfelder können Sie selber gestalten. Geben Sie beim Einrichten der Programmzuordnung am Ende der Zeile »Befehl(e)« die Zeichen »%1« ein. DOS fordert Sie dann auf, ein Dialogfeld einzurichten, das später beim Programmaufruf angezeigt wird. Im Bild 2.7 sehen Sie das Dialogfeld zum Einrichten eigener Dialogfelder. Wir haben dort die Daten eingetragen, die zu dem in Bild 2.6 gezeigten Dialogfeld führen.

- *Titel des Dialogfeldes* ist der Text, der in der Titelzeile zu sehen sein wird und auf den Zweck des Dialogfeldes hinweisen soll;
- Die *Programminformation* sagt dem Benutzer, welche Daten er im Dialogfeld angeben kann. Sie können hier mehr Zeichen angeben, als in die Zeile passen. Zeilenumbrüche legt DOS selber fest;
- Der *Aufforderungstext* wird vor einer Eingabezeile des Dialogfeldes stehen;
- Die *Programminformation* ist z.B. ein Aufforderungstext in dem Dialogfeld, in dem Sie gerade arbeiten;
- Der *Vorschlag* bezeichnet die Daten, die dem Benutzer für die Eingabezeile vorgeschlagen werden. Dies kann eine Datei sein, die häufig unter der betreffenden Anwendung benutzt wird, z.B. ein Standardbrief. Sie brauchen keinen Vorschlag anzugeben, und der Benutzer braucht den Vorschlag nicht zu übernehmen.

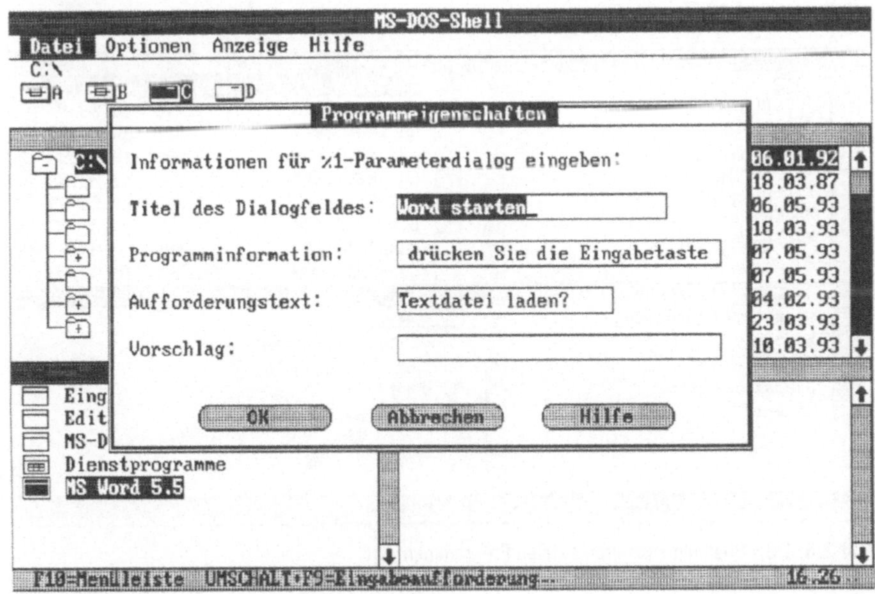

Bild 2.7: Dialogfeld zum Erstellen eines Dialogfeldes

Bäumchen wechsel Dich

2-8 Programmumschaltung

Während der Arbeit mit einer Anwendung kommt es gelegentlich vor, daß ich kurz mit DOS oder einer anderen Anwendung arbeiten muß und hinterher zum ersten Programm zurückkehren will. Muß ich das erste Programm dabei ganz beenden, falls es selber keine DOS-Schnittstelle besitzt, oder stellt DOS sinnvolle Funktionen zur Verfügung?

Bei der DOS Shell können Sie mit mehreren Anwendungen arbeiten. Dies ist kein gleichzeitiges Arbeiten wie unter Windows, OS/2, DR DOS 7.0 oder UNIX. Sie können aber mehrere Programme starten und im Arbeitsspeicher behalten und schnell zwischen diesen Programmen umschalten. Ihnen gehen dabei keinerlei Daten verloren, auch wenn Sie diese nicht gespeichert haben. Der aktuelle Arbeitsstand wird komplett auf die Festplatte oder in den Arbeitsspeicher ausgelagert und beim Zurückwechseln wieder hervorgeholt.

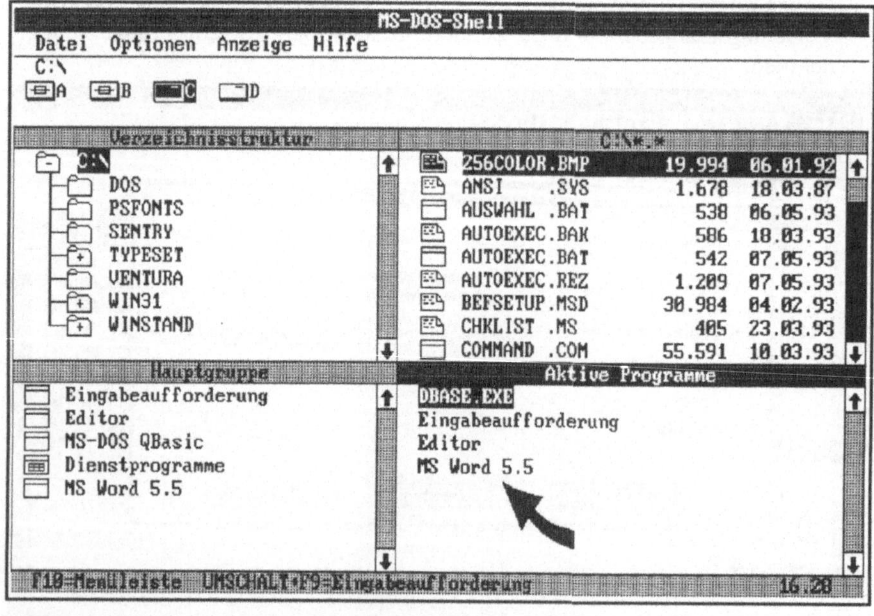

Bild 2.8: DOS Shell mit mehreren aktiven Programmen

Um mit der Programmumschaltung arbeiten zu können, müssen Sie den Befehl »Optionen⇒Programmumschaltung aktivieren« auslösen. Die Programmumschaltung ist aktiv, wenn Sie eine Raute ♦ vor dem Befehl sehen. Im rechten Teil des Programm-Managers sehen Sie dann ein Feld mit dem Titel »Aktive Programme«. Dieses Feld zeigt später alle Programme, die Sie gestartet und noch nicht beendet haben. Das Bild 2.8 zeigt die DOS Shell, nachdem wir verschiedene Programme gestartet haben.

Nachdem Sie die Programmumschaltung eingeschaltet und ein Programm über die Programmumschaltung oder auch die Dateiliste gestartet haben, können Sie zur DOS Shell zurückkehren. Drücken Sie dazu die Tastenkombination [Alt]-[⭾] oder [Alt]-[Esc]. Unter der DOS Shell sehen Sie die Anwendung jetzt in der Liste »Aktive Programme«. Sie können weitere Anwendungen starten oder zur DOS Shell zurückkehren. Unter der DOS Shell wählen Sie eine Anwendung aus der Liste »Aktive Programme« aus, indem Sie sie doppelt anklicken oder markieren und die Eingabetaste [↵] drücken.

Sie können aber auch direkt zwischen den einzelnen Anwendungen umschalten. Drücken Sie dazu die [Alt]-Taste und halten Sie sie fest. Tasten Sie jetzt sooft die [⭾]- oder [Esc]-Taste, bis der Name der gewünschten Anwendung oben auf dem Bildschirm zu sehen ist. Lassen Sie jetzt beide Tasten los, um zu dieser Anwendung zu wechseln.

3 Datenträger und Datenstrukturen

Who is who?

3-1 Verzeichnisse umbenennen

Um die Datenstruktur meiner Festplatte etwas übersichtlicher zu gestalten, möchte ich Verzeichnisse umbenennen. Kann ich dazu DOS verwenden, oder geht das nur mit Windows?

Verzeichnisse können Sie unter DOS eigentlich nur erstellen oder löschen. Unter der Prompt-Oberfläche können Sie sich ab der DOS-Version 6.0 aber helfen.

Unter der Prompt-Oberfläche von DOS benutzen Sie den Verschiebe-Befehl MOVE, um einem Verzeichnis einen neuen Namen zu geben. Geben Sie als Parameter nur den alten und den neuen Verzeichnisnamen an. Der Befehl

MOVE \TEXTE \DATEN [↵]

benennt zum Beispiel von einem beliebigen Verzeichnis des Laufwerks aus das Verzeichnis TEXTE nach DATEN um. Dateien werden dabei nicht verschoben, ebenso brauchen Sie keine weitere Bestätigung einzugeben. Das Bild 3.1 zeigt Ihnen dieses Beispiel noch einmal auf dem Bildschirm.

```
C:\>move c:\dosstand\word\texte c:\dosstand\word\daten
c:\dosstand\word\texte => c:\dosstand\word\daten [OK]

C:\>
```

Bild 3.1: Umbenennen von Verzeichnissen mit MOVE

In Rezept 4-5 geben wir einen Überblick über das Umbenennen von Datenträgern, Verzeichnissen und Dateien.

Den Ast absägen

3-2 Verzeichnisse löschen

Ich möchte auf meiner Festplatte Ordnung schaffen und dazu ein Verzeichnis löschen. Was muß ich beachten, bevor und während ich Verzeichnisse lösche?

MS-DOS 6.0 unterscheidet zwischen verschiedenen Prompt- und DOS-Shell-Befehlen zum Löschen von Verzeichnissen. Die folgende Tabelle gibt einen Überblick über die Befehle und Funktionen:

Aufgabe	Eingabeaufforderung	DOS-Shell	Windows
leere Verzeichnisse löschen	RD	»Datei⇒Löschen«	»Datei⇒Löschen«
Verzeichnisse samt Inhalt löschen	DELTREE		»Datei⇒Löschen«

Tabelle 3.1: Überblick über das Löschen von Verzeichnissen

- Der Befehl RD löscht nur leere Verzeichnisse ohne Unterverzeichnisse.
- Der Befehl DELTREE löscht Verzeichnisse vollständig, auch, wenn Sie noch Dateien und/oder Unterverzeichnisse enthalten.

Um das Verzeichnis C:\DOSSTAND\DATEN zu löschen, tasten Sie – nachdem Sie alle Dateien und Unterverzeichnisse aus DATEN gelöscht haben – vom Hauptverzeichnis aus

RD C:\DOSSTAND\DATEN [↵]

bzw. vom Verzeichnis DOSSTAND aus

RD DATEN [↵]

Falls Sie nicht erst alle Dateien und Unterverzeichnisse löschen wollen, geben Sie vom Verzeichnis DOSSTAND aus den Befehl

DELTREE DATEN [↵]

DOS verlangt jetzt noch eine Bestätigung, ob Sie wirklich das Verzeichnis mit allen Unterverzeichnissen löschen wollen.

Gehen Sie mit dem Befehl DELTREE sehr vorsichtig um. Auch schreibgeschützte, verborgene und Systemdateien werden ohne zusätzliche Nachfrage gelöscht. Falls Sie das Verzeichnis schreibschützen, behandelt DOS es für diesen Befehl wie eine Datei und übergeht den Schreibschutz ebenfalls.

Wo bin ich?

3-3 Verzeichnisstruktur sehen und ausdrucken

Ich möchte meine Festplatte einmal gründlich „ausmisten". Wie erhalte ich einen Überblick über die Dateien des Laufwerks und die Verzeichnisstruktur?

Der Befehl DIR oder auch das Dateifeld der DOS Shell zeigen Ihnen alle Dateien des Verzeichnisses auf dem Bildschirm an. Der Bildschirm ist aber nicht geeignet, um den Datenbestand zu durchforsten. Unter der DOS Shell können Sie keine Dateilisten ausdrucken. Unter der Prompt-Oberfläche haben Sie dagegen mehrere Möglichkeiten:

- der Befehl DIR >PRN von jedem Verzeichnis aus gegeben,
- der Befehl CHKDSK /V >PRN für alle Dateien des Laufwerks nach Verzeichnissen geordnet,
- der Befehl TREE >PRN für die Ausgabe der Verzeichnisstruktur mit grafischen Elementen.

Die Eingabe des Befehls DIR >PRN ist mit Sicherheit sehr mühsam, wenn Sie mehr als 3 bis 4 Verzeichnisse auf der Festplatte eingerichtet haben. Sehr viel besser ist da der Befehl CHKDSK /V >PRN geeignet, der Ihnen nach Verzeichnissen geordnet alle Dateien des Laufwerks anzeigt, auch verborgene oder Systemdateien. Selbst verborgene Verzeichnisse bleiben mit CHKDSK nicht unsichtbar. Das Bild 3.2 zeigt einen Ausschnitt aus einer Dateiliste mit CHKDSK.

```
C:\CONFIG.BAK
C:\TASTE.BAT
Verzeichnis C:\WINSTAND
Verzeichnis C:\WINSTAND\EXCEL
C:\WINSTAND\EXCEL\INFO.TXT
C:\WINSTAND\EXCEL\PREV.FON
C:\WINSTAND\EXCEL\EXCEL.EXE
C:\WINSTAND\EXCEL\AUSGABEN.XLS
C:\WINSTAND\EXCEL\BUDGET.XLS
C:\WINSTAND\EXCEL\EXCELHLP.HLP
C:\WINSTAND\EXCEL\EXCELDE.EXE
C:\WINSTAND\EXCEL\QE.EXE
C:\WINSTAND\EXCEL\QE.HLP
Verzeichnis C:\WINSTAND\EXCEL\QE
C:\WINSTAND\EXCEL\QE\ANGEST.DBF
--Fortsetzung--
```

Bild 3.2: Ausschnitt aus Dateiliste mit CHKDSK /V

Falls Sie sich nur eine Liste der Verzeichnisse und Unterverzeichnisse ausgeben lassen wollen, sollten Sie dazu TREE >PRN eingeben. Mit TREE sehen Sie die Verzeichnisse als Baum dargestellt (Bild 3.3). Der Aufbau entspricht ungefähr der

Verzeichnisliste der DOS Shell oder auch von Windows. Falls Sie TREE ohne Parameter von einem beliebigen Verzeichnis aus eingeben, zeigt der Befehl nur die Unterverzeichnisse dieses Verzeichnisses.

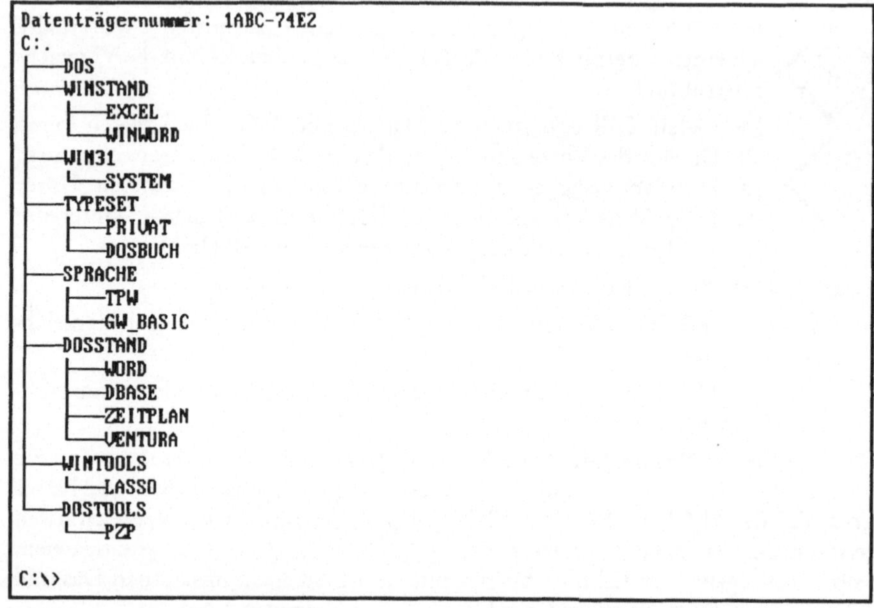

```
Datenträgernummer: 1ABC-74E2
C:.
├───DOS
├───WINSTAND
│   ├───EXCEL
│   └───WINWORD
├───WIN31
│   └───SYSTEM
├───TYPESET
│   ├───PRIVAT
│   └───DOSBUCH
├───SPRACHE
│   ├───TPW
│   └───GW_BASIC
├───DOSSTAND
│   ├───WORD
│   ├───DBASE
│   ├───ZEITPLAN
│   └───VENTURA
├───WINTOOLS
│   └───LASSO
└───DOSTOOLS
    └───PZP

C:\>
```

Bild 3.3: Verzeichnisliste von TREE

Der Befehl TREE /F gibt Ihnen zusätzlich die Dateien jedes Verzeichnisses aus (vergleiche CHKDSK /V), mit der Umlenkung »> PRN« geht die Ausgabe zum Drucker.

Alles zersemmelt

3-4 Zerstörte Daten wiederherstellen

Auf einem Datenträger kann ich wichtige Daten nicht mehr lesen, obwohl die Datei selber noch besteht. Kann ich mir noch helfen, oder muß ich die Daten abschreiben?

Physikalisch zerstörte Daten sind der Alptraum jedes Computer-Benutzers. In manchen Fällen ist jedoch noch Rettung möglich. Zuerst jedoch sollten Sie anhand einer Prüfliste sicherstellen, daß die Daten tatsächlich physikalisch zerstört sind und keine anderen Ursachen vorliegen:

- Ist das richtige Laufwerk im Hardware-Setup eingestellt (z.B. HD-Laufwerke, richtiger Festplattentyp)?
- Ist die Datei noch in der Dateizuordnungstabelle (FAT) eingetragen, d.h. taucht Sie im Inhaltsverzeichnis auf? Ansonsten sollten Sie versuchen, die Datei mit UNDELETE wiederherzustellen.
- Benutzen Sie das richtige Anwendungsprogramm, um die Daten zu lesen?

Falls diese Ursachen nicht vorliegen, können Sie versuchen, nicht zerstörte Dateifragmente zu einer lesbaren Datei zusammenzufügen. Wenn Sie MS-DOS 6.0 als Update installiert haben, befindet sich vielleicht noch das Programm RECOVER in Ihrem DOS-Verzeichnis. Mit Hilfe von SETVER können Sie RECOVER benutzen, um Daten zu retten (zu SETVER siehe auch Kapitel 1 und 2). Geben Sie den Befehl

RECOVER *Dateiname* [↵]

DOS liest jetzt alle noch verwendbaren Daten und schreibt sie in Dateien, die mit FILE0001.REC, FILE0002.REC usw. bezeichnet werden. Falls Sie anstatt *Dateiname* ein Laufwerk angeben, versucht DOS bei einer zerstörten Verzeichnisstruktur Daten zu retten.

Ohne RECOVER können Sie sich mit Werkzeugsammlungen (Tools) helfen, die von verschiedenen Herstellern angeboten werden und z.T. auch Wiederherstellprogramme enthalten.

Der Befehl RECOVER scheitert, wenn der Bootbereich einer Festplatte oder wichtige Teile der Dateizuordnungstabelle zerstört sind. In diesem Fall helfen Ihnen nur noch Programme wie RESCUE. RESCUE liest einen beschädigten Datenträger clusterweise, ohne dabei auf DOS oder die FAT zurückzugreifen. Sie finden die Daten so vor, wie Sie auf der Festplatte gespeichert sind, also ohne Rücksicht auf Dateigrenzen oder Steuerzeichen. Lesbare Bereiche können Sie zu Dateien zusammenfassen und extern speichern. RESCUE kann so auch auf zerstörte Festplatten zugreifen.

Vorsicht: RESCUE und vergleichbare Programme können auch Fragmente gelöschter Dateien lesen, die Sie nicht mit Programmen wie TurboClean vollständig überschrieben haben!

Voll bis unter'n Rand

3-5 Festplattenplatz schaffen

Ich möchte ein neues größeres Programm in meinem System installieren und habe dabei das typische Problem, nicht genügend freien Festplattenspeicher zu besitzen. Muß ich mir jetzt wieder einmal eine neue Platte kaufen, oder können Sie mir noch anders helfen?

Wohl jeder Computerbenutzer kennt das Problem, nicht genügend freien Festplattenspeicher verfügbar zu haben. Sie können sich jetzt auf verschiedene Arten helfen:

- Sie löschen mit DELETE alle überflüssigen Dateien (z.B. automatisch erstellte Sicherheitskopien, Uralt-Dateien o.ä.), siehe dazu auch Rezept 3-3,
- Sie prüfen mit CHKDSK, ob sich verlorene Zuordnungseinheiten auf Ihrem System befinden, die DOS zwar nicht mehr nutzen kann, die aber Speicherplatz blockieren,
- Sie komprimieren die vorhandenen Daten auf Ihrem System mit DoubleSpace und machen so aus einer 100 MByte-Festplatte eine 200 MByte-Platte.

Tips zum geschickten Löschen von Dateien finden Sie in Kapitel 4, darauf werden wir hier nicht eingehen.

Mit CHKDSK überprüfen Sie die logischen Zusammenhänge auf Ihrem Datenträger. Dabei prüft DOS, ob alle als belegt gekennzeichneten Zuordnungseinheiten von Dateien beansprucht werden, oder ob ein paar Zuordnungseinheiten vergessen worden sind, z.B. wenn Anwendungen ihre temporären Dateien aufgrund eines Systemabsturzes nicht schließen konnten. Verwenden Sie CHKDSK mit dem Parameter /F, um solche verlorenen Zuordnungseinheiten in Dateien umzuwandeln. Die einzelnen Zuordnungsketten werden in Dateien mit dem Namen FILE001.CHK, FILE002.CHK usw. abgelegt und können so auch weiterverwendet oder gelöscht werden. Das Bild 3.4 zeigt den Bildschirm nach einem Lauf von CHKDSK.

Falls Ihnen all dieses nichts nützt und Sie wirklich mehr Speicher benötigen, können Sie DoubleSpace einsetzen. DoubleSpace komprimiert die vorhandenen Dateien auf Ihrer Festplatte und verwaltet sie. Bei Bedarf werden die Dateien wieder dekomprimiert und können verwendet werden. Diese Umwandlung läuft so schnell ab, daß Sie den Zeitverlust bei 386er oder 486er-Systemen kaum spüren.

```
C:\>chkdsk /f
Datenträger HD-PROGRAMM erzeugt 18.03.1992 11:14
Datenträgernummer: 1ABC-74E2

   33 verlorene Zuordnungseinheiten in 1 Ketten gefunden.
Verlorene Ketten in Dateien umwandeln (J/N)?j

57620480 Byte Speicherplatz auf dem Datenträger insgesamt
 6281216 Byte in 4 versteckten Dateien
   77824 Byte in 26 Verzeichnissen
43798528 Byte in 1330 Benutzerdateien
   67584 Byte in 1 wiederhergestellten Dateien
 7462912 Byte auf dem Datenträger verfügbar

    2048 Byte in jeder Zuordnungseinheit
   28135 Zuordnungseinheiten auf dem Datenträger insgesamt
    3644 Zuordnungseinheiten auf dem Datenträger verfügbar

  655360 Byte konventioneller Arbeitsspeicher
  591696 Byte frei

C:\>
```

Bild 3.4: CHKDSK findet verlorene Zuordnungseinheiten

DOS erkennt bereits beim Starten, ob sich komprimierte Dateien im System befinden. Falls ja, werden die entsprechenden Treiber geladen, und Sie arbeiten automatisch im komprimierten System. Neue Dateien können automatisch komprimiert werden. Starten Sie DoubleSpace durch Eingabe von

DBLSPACE [↵]

Die weitere Arbeit können Sie dann menügeführt unter der DoubleSpace-Oberfläche verrichten. Sie können die Arbeitsschritte auch bereits beim Starten von DoubleSpace mit Parametern festlegen. Die entsprechenden Optionen finden Sie in der DOS-Hilfe und im DOS-Handbuch.

Mit der Installation von DoubleSpace erhält DOS auch eine neue Systemdatei, die DBLSPACE.INI, die Informationen zur Konfiguration von DoubleSpace enthält. Wundern Sie sich also nicht, wenn Ihnen nach 11 Jahren erstmals neben den IO.SYS und MSDOS.SYS eine neue Systemdatei begegnet. Löschen Sie diese Datei auf keinen Fall, da sie zum totalen Datenverlust führt.

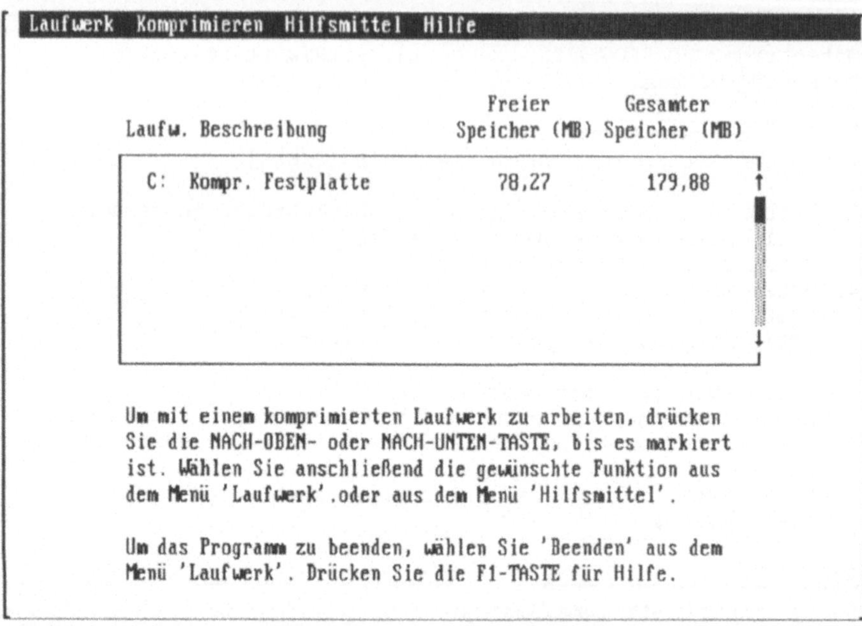

Bild 3.5: Menüoberfläche von DBLSPACE

Obwohl die Arbeit mit komprimierten Dateien beinahe ohne Zeitverlust vonstatten geht, benötigen Sie Zeit für die Installation. Bei größeren Datenbeständen kann das Komprimieren leicht ein paar Stunden dauern. Sie sehen deswegen auch ständig eine Anzeige der voraussichtlich benötigten Komprimierzeit. Die ersten Angaben werden meist noch nach unten korrigiert.

Die Reihenfolge wahren

3-6 Zugriffzeit verkürzen (Defragmentieren)

Ich habe das Gefühl, daß mein Rechner halbe Ewigkeiten braucht, um eine Datei auf die Festplatte zu schreiben oder von ihr zu lesen. Was macht der Festplatte solche Mühe, und wie kann ich die Arbeit beschleunigen?

Festplatten, die bereits lange in Betrieb sind, benötigen in vielen Fällen sehr viel mehr Zeit zum Speichern oder Lesen einer Datei als eine „frische“ Platte. Dies hat nichts damit zu tun, daß die Festplatte selber „ermüdet“ oder langsamer arbeitet. Dem können Sie oft abhelfen.

Zuerst wollen wir kurz das Problem Ihrer Festplatte beschreiben: Ihre Festplatte ist in sog. »Cluster« eingeteilt, d.h. in Bereiche, in die eine bestimmte Datenmenge (meist 512 Byte) geschrieben werden kann. Bei Schreiben sucht sich DOS immer den ersten freien Cluster des Datenträgers und beschreibt ihn. So werden im Laufe der Zeit alle Cluster fortlaufend gefüllt. Wenn Sie jetzt aber eine oder mehrere Dateien löschen, sind zwischen den belegten Clustern noch freie Cluster. DOS schreibt die nächsten Daten zuerst in diese freien Bereiche. Reicht deren Größe nicht aus, werden die belegten Bereiche übersprungen und im nächsten freien Cluster weitergeschrieben.

Dieses Überspringen kostet natürlich Zeit, da der Schreib-Lesekopf eine begrenzte Geschwindigkeit hat. Beim Lesen der Daten muß der Kopf jetzt wieder Stück für Stück lesen und dabei zeitraubende Sprünge über anderweitig belegte Cluster vornehmen.

Diese Zerstückelung der Dateien heißt »Fragmentierung«. Sie können selber schnell überprüfen, ob Ihre Daten stark fragmentiert sind und Sie entsprechend Zeit verlieren. Das DOS-Programm DEFRAG ist dann in der Lage, diese Fragmentierung aufzuheben.

Der undokumentierte DOS-Befehl

CHKDSK *.*

prüft Ihren Datenträger auf logische Fehler. Zusätzlich zeigt er auf dem Bildschirm an, welche Dateien des aktuellen Verzeichnisses fragmentiert sind. Das Bild 3.6 zeigt Ihnen die Ausgabe für ein Beispielverzeichnis.

Falls sich so in den einzelnen Verzeichnissen

- sehr viele zerstückelte Dateien befinden,
- wenn dies Programmdateien
- oder häufig benötigte Datendateien sind,

sollten Sie Ihre Dateien defragmentieren.

Das DOS-Programm DEFRAG fügt unzusammenhängende Dateien wieder zusammen. Auf Wunsch wird dabei kein Leerraum zwischen den einzelnen Dateien gelassen, um zu vermeiden, daß gleich die nächsten Daten zerstückelt werden. Der Befehl

DEFRAG D: /F [↵]

defragmentiert ohne Leerraum. Sie können genauso auch festlegen, daß die Dateien mit möglichen Leerräumen oder z.B. nach Namen oder Entstehungsdatum auf der Festplatte sortiert werden. Die entsprechenden Parameter finden Sie in der DOS-Hilfe.

```
D:\WORD5>chkdsk *.*
Datenträger HD-DATEN    erzeugt 18.03.1992 11:15
Datenträgernummer: 1ABC-74E2

48967680 Byte Speicherplatz auf dem Datenträger insgesamt
    2048 Byte in 1 versteckten Dateien
  129024 Byte in 47 Verzeichnissen
42768384 Byte in 1940 Benutzerdateien
 6068224 Byte auf dem Datenträger verfügbar

  2048 Byte in jeder Zuordnungseinheit
 23910 Zuordnungseinheiten auf dem Datenträger insgesamt
  2963 Zuordnungseinheiten auf dem Datenträger verfügbar

 655360 Byte konventioneller Arbeitsspeicher
 577856 Byte frei

D:\WORD5\WORD.EXE enthält 8 nicht zusammen-
hängende Blöcke
D:\WORD5\REZ4.TXT enthält 7 nicht zusammen-
hängende Blöcke

D:\WORD5>
```

Bild 3.6: CHKDSK findet verlorene Zuordnungseinheiten

4 Mit Dateien arbeiten

Einen ganzen Sack voll

4-1 Stellvertreterzeichen (Joker) verwenden

Ich möchte bei der Arbeit mit DOS gelegentlich mehrere Dateien auf einmal kopieren oder löschen. Muß ich dafür den entsprechenden Befehl mehrmals hintereinander eintippen, oder kann ich die Arbeit vereinfachen?

Sie haben verschiedene Möglichkeiten, sich die Arbeit bei Befehlswiederholungen zu erleichtern. Die Tabelle 4.1 zeigt im Überblick, mit welchen Mitteln Sie nach der Eingabeaufforderung oder unter der DOS Shell Befehle dateiübergreifend geben:

Objekt	Eingabeaufforderung	DOS Shell
Dateigruppe	mit Stellvertreterzeichen (Jokern) »*« und »?«	mit »Optionen ⇒Dateiauswahl« und »Datei⇒Alles auswählen«
Dateien einzeln	mit Befehlswiederholung [F3] und Bearbeitung	durch Markieren einzelner Dateien (siehe 4-2)
Dateien über Stapelprogramme	mit Parameterwechsel in Stapelprogrammen (siehe 6-10)	

Tabelle 4.1: Befehle auf mehrere Dateien beziehen

Unter der Prompt-Oberfläche können Sie bei den Befehlen COPY, DEL, ATTRIB und bei vielen anderen Dateigruppen anstatt einer Datei angeben. Dateigruppen sind eine Menge von Dateien, die in Teilen des Dateinamens oder der Erweiterung übereinstimmen.

Bei der Angabe einer Dateigruppe verwenden Sie sog. Stellvertreterzeichen oder »Joker«. DOS kennt zwei verschiedene Stellvertreterzeichen:

- ? steht für 0 bis 1 beliebige Zeichen,
- * steht für 0 bis 8 beliebige Zeichen.

Dies bedeutet, daß die Dateibezeichnung *.TXT alle Dateien mit der Erweiterung TXT und einem beliebigen Dateinamen umfaßt. T??.BAT beschreibt alle Stapeldateien (Erweiterung BAT), deren Namen mit einem T beginnen und dann noch bis zu zwei weitere Zeichen enthält. TAT.BAT würde also erfaßt, genauso T.BAT, nicht aber TEXT.BAT.

Eine weitere Möglichkeit, mehr als eine Datei an einen Befehl zu übergeben, ist die Angabe des Parameters für das aktuelle Verzeichnis. In der DOS-Sprache steht der

Punkt ».« für das aktuelle Verzeichnis und zwei Punkte »..« für das übergeordnete Verzeichnis.

Bei manchen Befehlen (z.B. COPY, DEL) können Sie den Punkt angeben, wenn der Befehl für alle Dateien des aktuellen Verzeichnisses gelten soll. Der Befehl

```
COPY *.* A:
```

hat die gleiche Wirkung wie

```
COPY . A:
```

Diese kleine Ersparnis kann Ihnen bei müden Fingern bereits viel Freude bereiten. In den folgenden Rezepten werden wir sehr oft Stellvertreterzeichen verwenden.

Unter der DOS Shell können Sie

- die Stellvertreterzeichen entsprechend verwenden, indem Sie eine Datei der Gruppe markieren und im Dialogfeld zum gewünschten Befehl die Dateiangabe mit Stellvertreterzeichen ändern;
- den Befehl »Datei⇒Alles auswählen« verwenden, um alle Dateien eines Verzeichnisses zu markieren;
- beliebige und beliebig viele Dateien zusammenfassend markieren (siehe nächstes Rezept).

Eene meene muh, dabei bist Du

4-2 Mehrere Dateien markieren

Ich arbeite häufig mit der DOS Shell und möchte dort Dateien, die nicht unbedingt der gleichen Dateigruppe angehören, vor dem Erteilen eines Befehls zusammenfassen.

Unter der DOS Shell können Sie beliebig viele Dateien markieren, die keine gemeinsamen Eigenschaften zu haben brauchen. Diese Dateien können auch in mehreren Verzeichnissen stehen.

Falls Sie Dateien aus mehreren Verzeichnissen gleichzeitig markieren wollen, wählen Sie zuerst den Befehl »Optionen⇒Aus mehreren Verzeichnissen auswählen«. Die Raute ♦ vor dem Befehl zeigt, daß er aktiv ist.

Klicken Sie die erste gewünschte Datei an. Drücken Sie die [Strg]-Taste, und halten Sie sie gedrückt. Klicken Sie anschließend alle Dateien an, die Sie markieren wollen. Danach können Sie die [Strg]-Taste wieder loslassen.

Wollen Sie Dateien markieren, die in der Dateiliste unmittelbar hintereinander stehen, können Sie auch die erste Datei markieren, die [⇧]-Taste drücken und festhalten und dann die letzte Datei anklicken bzw. mit Hilfe der Richtungstasten [nach oben] und [nach unten] markieren.

Falls Sie beide Markierungsverfahren verbinden wollen, müssen Sie darauf achten, daß Sie in einem Verzeichnis erst aufeinanderfolgende Dateien mit [⇧] markieren und anschließend alle weiteren mit Hilfe der [Strg]-Taste. Andere Verfahren sind nicht möglich.

Falls Sie Dateien markieren wollen, die die gleiche Erweiterung, das gleiche Speicherdatum oder eine ähnliche Größe haben, können Sie diese mit »Optionen⇒Dateianzeige« in der Dateiliste entsprechend sortieren. Das Markieren geht dann besonders einfach und schnell.

Alles das gleiche?

4-3 Dateien kopieren

Mit welchen Befehlen kann ich unter DOS Dateien kopieren, und wo liegen Ihre Unterschiede?

Unter der DOS-Prompt-Oberfläche kopieren Sie Dateien mit den Befehlen COPY und XCOPY (Schnellkopieren), unter der DOS Shell mit dem Befehl »Datei⇒Kopieren«, der im wesentlichen mit COPY vergleichbar ist. Tabelle 4.2 zeigt die Unterschiede der Kopierbefehle:

	nach Prompt		DOS Shell		
	COPY	XCOPY	»Datei⇒ Kopieren«	Maus	Funktionstaste [F8]
Auswahlmöglichkeiten	Stellvertreterzeichen	Stellvertreterzeichen	Markierung frei	Markierung frei	Markierung frei
Dateien/Verzeichnisse	Dateien	beides	beides mit Bestätigung	beides mit Bestätigung	beides mit Bestätigung
Geschwindigkeit	langsam	schnell	langsam	langsam aber bequem	langsam aber bequem

Tabelle 4.2: Überblick über Kopierbefehle

Den Befehl COPY verwenden Sie mit der folgenden Syntax:

COPY *Quelle Ziel* **[/V]**

- Quelle bezeichnet die Quellenangaben wie Laufwerk, Pfad und Dateinamen;
- Ziel steht für die Zielangaben, die ebenfalls aus Laufwerk, Pfad und Dateinamen bestehen können;
- /V gibt an, daß die Zieldatei auf Schreibfehler untersucht werden soll.

Bei *Quelle* und *Ziel* können Sie Stellvertreterzeichen verwenden und müssen voreingestellte Werte überhaupt nicht angeben. Dies zeigt das Beispiel im Bild 4.1.

```
C:\DOSSTAND\WORD>copy c:\dosstand\word\*.txt a:\ko ie\*.txt
C:\DOSSTAND\WORD\REZ1.TXT
C:\DOSSTAND\WORD\REZ2.TXT
C:\DOSSTAND\WORD\REZ3.TXT
        3 Datei(en) kopiert

C:\DOSSTAND\WORD>copy *.txt a:
REZ1.TXT
REZ2.TXT
REZ3.TXT
        3 Datei(en) kopiert

C:\DOSSTAND\WORD>
```

Bild 4.1: Zwei Kopierbefehle mit gleicher Wirkung

Im Bild 4.1 ist in Laufwerk A: das Verzeichnis KOPIE aktuelles Verzeichnis, auf Laufwerk C: das Verzeichnis C:\DOSSTAND\WORD. Die Zieldatei erhält den gleichen Namen wie die Quelldatei.

Falls Sie in das aktuelle Verzeichnis des aktuellen Laufwerks kopieren und den Dateinamen beibehalten wollen, können Sie die Zielangabe ganz weglassen.

Der Befehl

COPY . A:

kopiert alle Dateien des aktuellen Verzeichnisses in das Hauptverzeichnis einer Diskette in Laufwerk A:. Die gleiche Aufgabe löst der Befehl

XCOPY . A:

sehr viel schneller. XCOPY kopiert nicht Datei für Datei, sondern liest so viele Daten ein, wie in den Arbeitsspeicher passen und schreibt diese dann im Stück ins Zielverzeichnis. COPY müßte ständig zwischen dem Schreiben und Lesen auf den verschiedenen Laufwerken umschalten.

Bei XCOPY stehen Ihnen noch verschiedene Parameter zur Verfügung, anhand derer Sie auswählen, welche Dateien Sie kopieren wollen, z.B. solche,

- die nach einem bestimmten Datum gespeichert wurden (/D:*Datum*),
- für die das Archiv-Attribut gesetzt ist (/A, wird hinterher nicht zurückgesetzt) oder,
- die in Unterverzeichnissen des angegebenen Verzeichnisses stehen (/S).

Ein Beispiel dafür ist

XCOPY . A: /S

Dieser Befehl kopiert alle Dateien des aktuellen Verzeichnisses und aller Unterverzeichnisse auf eine Diskette in Laufwerk A:. Die alte Quell-Verzeichnisstruktur wird auch dort hergestellt.

Wenn Sie unter der DOS Shell Dateien kopieren oder verschieben, können Sie die Maus sehr praktisch einsetzen. Wir zeigen Ihnen dies im nächsten Rezept.

Mit dem Befehl COPY können Sie auch Dateien auf Geräte oder von Geräten kopieren. Mit XCOPY können Sie nur Dateien in Dateien kopieren. In Kapitel 5 finden Sie ein paar Beispiele für COPY in Verbindung mit Hardware.

Hin und Her

4-4 Kopieren und Verschieben mit der Maus und den Funktionstasten

Meine Dateien verwalte ich meistens mit Hilfe der DOS Shell. Welche Methode ist dort zum Kopieren und Verschieben von Dateien die schnellste?

Die schnellste Methode hängt sehr von Ihrer Fertigkeit mit Maus und Tastatur ab. Wir stellen Ihnen hier eine Methode mit Mausbedienung und eine Tastaturmethode vor.

Das Kopieren und Verschieben von Dateien mit der Maus läuft nach dem Prinzip „Ziehen und Ablegen“ sehr anschaulich ab.

1. Markieren Sie die zu kopierenden oder zu verschiebenden Dateien wie in Rezept 4-2 beschrieben.
2. Klicken Sie auf eine der markierten Dateien und halten Sie die Maustaste gedrückt.

3. Ziehen Sie die Maus bei gedrückter Taste zu dem Verzeichnis in der Verzeichnisliste oder dem Laufwerkssymbol, das für das gewünschte Ziel steht. Beachten Sie dabei, daß die DOS Shell die Dateien kopiert, falls Quell- und Ziellaufwerk verschieden sind, und verschiebt, falls Quelle und Ziel im gleichen Laufwerk liegen.
4. In der Voreinstellung bittet Sie DOS in einem Dialogfeld um die Bestätigung für das Kopieren oder Verschieben. Sie sehen das Dialogfeld vor dem Hintergrund der markierten Dateien im Bild 4.2.

DOS kopiert die Datei ggf. in das aktuelle Verzeichnis des gewählten Laufwerks.

Falls Sie das Kopieren oder Verschieben nicht jedesmal bestätigen wollen, können Sie dieses Dialogfeld in einem Dialogfeld des Befehls »Optionen⇒Bestätigen« unterdrücken.

Wenn Sie ohne Maus mit der DOS Shell arbeiten, können Sie die Arbeit mit Funktionstasten beschleunigen. Markieren Sie zuerst wie gewohnt die Dateien, die Sie verschieben oder kopieren wollen. Drücken Sie anschließend die Funktionstaste F7 zum Verschieben oder F8 zum Kopieren der Datei(en). DOS fordert Sie jetzt wie bei den Menübefehlen auf, das Ziel anzugeben.

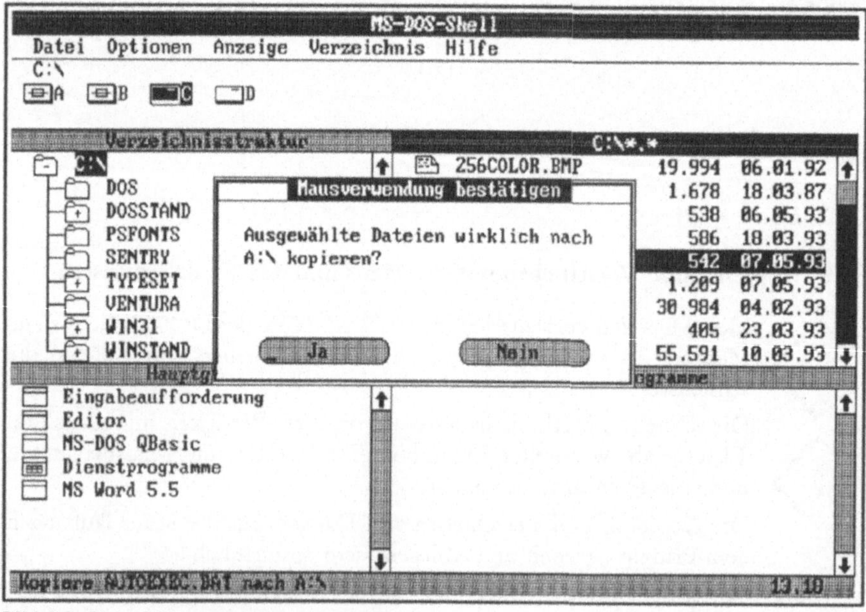

Bild 4.2: Dialogfeld zum Kopieren mit der Maus

Nomen est omen

4-5 Datenträger, Verzeichnisse und Dateien umbenennen

Nachdem ich lange Zeit unsystematische Namen für Dateien und Verzeichnisse vergeben habe, möchte ich jetzt aufräumen. Können Sie eine Übersicht geben, wie ich Datenträger, Verzeichnisse und Dateien umbenennen sollte?

Unter MS-DOS 6.0 müssen Sie verschiedene Befehle verwenden, wenn Sie Namen ändern wollen. Dateien können Sie dabei mit Hilfe von Stellvertreterzeichen in Gruppen umbenennen. Benutzen Sie zum Umbenennen den in der Tabelle 4.3 vorgeschlagenen Befehl:

Objekt	nach Eingabeaufforderung	unter DOS Shell
Datenträger	LABEL	
Verzeichnisse	MOVE	»Datei⇒Umbenennen«
Dateien	REN	»Datei⇒Umbenennen«

Tabelle 4.3: Befehle zum Umbenennen

Um einem Datenträger, z.B. einer Diskette in Laufwerk A:, den Namen TEXT-BACKUP zu geben, tasten Sie den Befehl

LABEL A:TEXTBACKUP [↵]

Falls Sie den Datenträgernamen nicht eingeben, fragt DOS nach der gewünschten Bezeichnung. Sie können dann auch den aktuellen Namen löschen und keinen neuen Namen vergeben.

Das Umbenennen eines Verzeichnisses ist nach der DOS-Philosophie eigentlich ein Verschieben von Dateien und Unterverzeichnissen von einem Verzeichnis in ein neues innerhalb eines Datenträgers. Dies macht aber bei der Benutzung des Befehls keinen Unterschied (siehe auch Rezepte 3-1 und 4-6). Um dem Verzeichnis C:\TOOLS den Namen WINTOOLS zu geben, tasten Sie

MOVE C:\TOOLS C:\WINTOOLS [↵]

Für Dateien vergeben Sie ganz ähnlich einen neuen Namen, indem Sie nach dem Befehlswort den alten und den neuen Namen nennen. Der erste Befehl im nächsten Beispiel benennt die Datei AUTOEXEC.SIK in AUTOEXEC.OLD um, der zweite alle Dateien mit der Erweiterung TXT des aktuellen Verzeichnisses in gleichnamige mit der Erweiterung DOC:

REN AUTOEXEC.SIK AUTOEXEC.OLD [↵]

REN *.TXT *.DOC [↵]

Ohne Hau 'ruck

4-6 Dateien verschieben

Ich möchte für meine Anwendungen reine Datenverzeichnisse einrichten. Kann ich die Datendateien mit einem Arbeitsschritt in das neue Verzeichnis verschieben?

Wie bereits seit langem unter MS Windows können Sie Dateien auch unter der DOS Shell verschieben. Seit der Version 6.0 haben Sie diese Möglichkeit auch unter der Prompt-Oberfläche.

Beim Verschieben von Dateien *innerhalb* eines Datenträgers wird nur der Eintrag in der Dateizuordnungstabelle (**F**ile **A**llocation **T**able FAT) verändert. Der Dateiinhalt selber wird nicht bewegt, da die Verzeichnisstruktur nur in der FAT notiert ist. Dies macht das Verschieben innerhalb des Datenträgers besonders schnell. Beim Verschieben zwischen Datenträgern trifft dies allerdings nicht zu.

Unter der DOS Shell markieren Sie die zu verschiebende(n) Datei(en) und wählen den Befehl »Datei⇒Verschieben«. In einem Dialogfeld müssen Sie noch das Ziel angeben.

```
C:\DOSSTAND\WORD>move griff6.txt texte\griff6.doc
c:\dosstand\word\griff6.txt => c:\dosstand\word\tex-
te\griff6.doc [OK]

C:\DOSSTAND\WORD>move rez*.txt texte
c:\dosstand\word\rez1.txt => c:\dosstand\word\texte\rez1.txt
[OK]
c:\dosstand\word\rez2.txt => c:\dosstand\word\texte\rez2.txt
[OK]
c:\dosstand\word\rez3.txt => c:\dosstand\word\texte\rez3.txt
[OK]
c:\dosstand\word\rez4.txt => c:\dosstand\word\texte\rez4.txt
[OK]
c:\dosstand\word\rez5.txt => c:\dosstand\word\texte\rez5.txt
[OK]

C:\DOSSTAND\WORD>
```

Bild 4.3: Beispiele zum Befehl MOVE

Unter der Prompt-Oberfläche geben Sie den Befehl MOVE ein. Die Syntax zu MOVE ist die gleiche, wie bei dem Befehl COPY (siehe Rezept 4-3). Zusätzlich können Sie mit dem Parameter /Y eine Bestätigung verlangen, wenn für das Verschieben ein Verzeichnis erstellt werden muß. Das Bild 4.3 zeigt Beispiele für den Befehl MOVE, in denen wir auch Stellvertreterzeichen verwendet haben.

Eine wie die andere

4-7 Dateien vergleichen

Ich vermute, daß ein paar Dateien auf meiner Festplatte gleich sind, möchte sie aber nicht selbst zeichenweise vergleichen. Kann DOS mir diese Aufgabe abnehmen?

DOS beinhaltet einen Befehl zum Vergleichen von ASCII- oder Binärdateien. Unterschiede werden auf dem Bildschirm ausgegeben bzw. können in eine Datei oder auf den Drucker umgeleitet werden. Das Bild 4.4 zeigt Ihnen ein Beispiel für den Befehl FC:

```
C:\>fc autoexec.bat autoexec.old /n
Vergleiche Dateien AUTOEXEC.BAT und AUTOEXEC.OLD
***** AUTOEXEC.BAT
    8:  CLS
    9:  VER
   10:  set TEMP=c:\win31\temp
***** AUTOEXEC.OLD
    8:  CLS
    9:  VERSION
   10:  set TEMP=c:\win31\temp
*****

C:\>
```

Bild 4.4: Vergleichen zweier Dateien

Sie können die Unterschiede auch auf einem Textdrucker oder in eine Datei ausgeben lassen. Geben Sie dazu z.B. ein

FC DATEI1.TXT DATEI2.TXT >PRN

Die Syntax zu FC lautet

FC [/B] [/L] [/A] [/C] [/N] [/T] [/W] [/*nnnn*] [*LW1:*][*Pfad1*\]*Dateiname1* [*LW2:*][*Pfad2*\]*Dateiname2*

- LW1:Pfad1Dateiname1 bezeichnet Name und Verzeichnispfad der ersten zu vergleichenden Datei;
- LW2:Pfad2Dateiname2 bezeichnet Name und Verzeichnispfad der zweiten zu vergleichenden Datei;
- /B vergleicht zwei Dateien byteweise (binär). Dies ist die Voreinstellung für Dateien mit der Erweiterung .EXE, .COM, .SYS, .LIB, .OBJ und .BIN;
- /L vergleicht zwei ASCII-Dateien zeilenweise. Dies ist Voreinstellung für Dateien, die nicht die Erweiterung .EXE, .COM, .SYS, .LIB, .OBJ oder .BIN besitzen;
- /A zeigt die Unterschiede zwischen ASCII-Dateien in verkürzter Form;
- /C berücksichtigt die Groß- und Kleinschreibung nicht (a wie A);

- /N gibt die Zeilennummern der nicht übereinstimmenden Zeilen von ASCII-Dateien aus;
- /T wandelt Tabulatoren nicht in 8 Leerzeichen um. Dies würde voreingestellt geschehen;
- /W ignoriert Leerzeichen an Zeilenanfang und -ende, Tabulatoren und mehrere aufeinanderfolgende Leerzeichen;
- /*nnnn* gibt die Zahl von Zeilen an, die übereinstimmen müssen, bevor die Dateien als übereinstimmend gelten.

Weg damit

4-8 Dateien löschen

Ich möchte möglichst schnell Dateien löschen können. Welchen Befehl kann ich verwenden?

Beim Löschen von Dateien müssen Sie unterscheiden, ob Sie Dateien möglichst bequem, möglichst schnell oder möglichst sicher löschen wollen. Der Begriff „Sicher“ hat hier jedoch zwei Aspekte:

1. Dateien so zu entfernen, daß niemand mehr an die in ihnen früher gespeicherten Daten herankommt (siehe auch 9-4), oder
2. Dateien so zu löschen, daß nach versehentlichem Löschen Dateien gerettet werden können (siehe auch nachfolgende Rezepte 4.9 und 4.10).

MS-DOS 6.0 kennt nur einen Befehl, um einzelne Dateien zu löschen. Je nach Aufgabenstellung können Sie sich jedoch Tipparbeit sparen.

- Nach der Eingabeaufforderung verwenden Sie den Befehl DEL mit Parametern zum Löschen von Dateien, RD zum Löschen von leeren Verzeichnissen und DELTREE zum Löschen von nicht-leeren Verzeichnissen.
- Unter der DOS Shell oder auch MS Windows markieren Sie die zu löschenden Dateien und Verzeichnisse und drücken die [Entf]-Taste.

Mit DEL löschen Sie

- einzelne Dateien,
- Dateigruppen,
- mit einer Bestätigung eine Menge von Dateien oder
- alle Dateien des Verzeichnisses.

DEL verwenden Sie mit der Syntax

DEL [*LW:*][*Pfad*]*Dateiname* [/P]

wobei [*LW:*][*Pfad*]*Dateiname* die Datei bezeichnet, die Sie löschen wollen. /P verlangt eine Bestätigung, bevor eine Datei gelöscht wird. Damit können Sie zusammen mit Stellvertreterzeichen schnell *fast* alle Dateien der angegebenen Dateigruppe löschen oder sich einfach nur vor Datenverlust schützen.

Im Dateinamen können Sie Stellvertreterzeichen angeben. Genauso können Sie den Punkt ».« für alle Dateien des aktuellen Verzeichnisses verwenden (entspricht *.*). Bevor DOS allerdings alle Dateien eines Verzeichnisses löscht, verlangt es eine Bestätigung (siehe Bild unten).

Durch Eingabe des Befehls

DEL . < J.TXT > NUL

können Sie diese Bestätigung aus der Datei J.TXT lesen lassen. Die Datei J.TXT enthält nur das Zeichen J und eine Zeilenschaltung. Die Umleitung der Bildschirmmeldung nach NUL sorgt dafür, daß keine Meldung auf dem Bildschirm erscheint, sondern alle Meldungen vom System geschluckt werden. Sie sehen den Unterschied zur herkömmlichen Eingabe ebenfalls im Bild 4.5.

```
C:\TEST1>del *.*
Alle Dateien im Verzeichnis werden gelöscht!
Sind Sie sicher (J/N)?j

C:\TEST1>cd \test2

C:\TEST2>del *.* < c:\j.txt > nul

C:\TEST2>dir
 Datenträger in Laufwerk C ist HD-PROGRAMM
 Datenträgernummer: 1ABC-74E2
 Verzeichnis von C:\TEST2

.            <DIR>      20.06.93   20:06
..           <DIR>      20.06.93   20:06
        2 Datei(en)           0 Byte
                      6930432 Byte frei

C:\TEST2>
```

Bild 4.5: Löschen mit und ohne Bestätigung

Die o.g. Befehlszeile können Sie auch in ein Stapelprogramm schreiben oder als Makro speichern. Sie brauchen dann nicht jedesmal die ganze Befehlszeile einzugeben, sondern nur noch den Makro- oder Programmnamen.

Oh, jetzt sind sie weg!

4-9 Dateibewegungen verfolgen

Ich habe versehentlich Dateien gelöscht, die ich noch benötige. Wie kann ich künftig Löschunfälle vermeiden oder glimpflich ausgehen lassen?

MS-DOS 6.0 enthält ein Programm in einer DOS- und Windows-Version, mit dem Sie schon vor dem Löschen Maßnahmen ergreifen, so daß Dateien im Schadensfall vollständig wiederhergestellt werden können. Die verschiedenen Sicherheitsstufen des speicherresidenten Programms UNDELETE

- speichern gelöschte und überschriebene Dateien zwischen,
- speichern die Informationen über Speicherplätze der Dateien auf dem Datenträger
- oder werden erst nach dem Löschen aktiv und können dann nur die DOS-Daten benutzen.

In der höchsten Sicherheitsstufe (sog. Löschüberwachungsschutz) werden alle zu löschenden oder zu überschreibenden Dateien in einem verborgenen Verzeichnis mit Namen SENTRY in der Originalversion abgelegt. Falls dieses Verzeichnis über eine bestimmte Größe hinauswächst, werden nacheinander die ältesten Dateien endgültig gelöscht.

In der niedrigeren Stufe (sog. Löschprotokollschutz) werden die Speicherdaten (Datum, Spuren und Sektoren des Datenträgers, ...) in einer verborgenen Datei gespeichert. Mit Hilfe dieser Daten können Dateien oft zumindest noch teilweise wiederhergestellt werden.

Geben Sie für die höchste Sicherheitsstufe für Laufwerk C: den Befehl

UNDELETE /S:C [↵]

Die folgende Syntax zeigt die wichtigsten Parameter zu UNDELETE:

UNDELETE [/STATUS | /UNLOAD | /S[:*LW*] | /T[:*LW*]]

- /STATUS zeigt die Art der Löschüberwachung für die einzelnen Laufwerke des Systems;
- /UNLOAD löscht den speicherresidenten Teil von UNDELETE aus dem Arbeitsspeicher;
- /S[:*LW*] startet UNDELETE mit Löschüberwachungsschutz für das angegebene Laufwerk;
- /T[:*LW*] startet UNDELETE mit Löschprotokollschutz für das angegebene Laufwerk.

Weg ist nicht gleich weg

4-10 Dateien wiederherstellen

Ich habe versehentlich wichtige Dateien gelöscht, wie kann ich diese wiederherstellen?

Falls Sie das Löschen schnell genug bemerken oder das UNDELETE-Programm vor dem Löschen gestartet hatten, können Sie die Dateien mit großer Wahrscheinlichkeit wiederherstellen.

Zum Wiederherstellen benötigen Sie zum Teil den ersten Buchstaben des Dateinamens der gelöschten Datei, da anstatt dieses Zeichens in der Dateizuordnungstabelle die Löschmarkierung steht. UNDELETE versucht dann zuerst Dateien wiederherzustellen, für die Löschüberwachungsschutz bestand, dann Dateien, für die Löschprotokollschutz bestand. Als letztes werden Dateien wiederhergestellt, für die nur noch die DOS-Daten vorhanden sind.

Das Bild unten zeigt den Bildschirm während des Wiederherstellens einer Datei. Eine bequeme Oberfläche mit Menüführung enthält die Windows-Version des Programms UNDELETE.

```
C:\TEST2>undelete griff6.txt

UNDELETE - Einrichtung eines Löschschutzes
Copyright (C) 1987-1993 Central Point Software, Inc.
Alle Rechte vorbehalten.

Verzeichnis: C:\TEST2
Dateiangaben: GRIFF6.TXT

    Die Kontrolldatei der Löschüberwachung enthält    1 gelöschte Dateien.

    Die Datei des Löschprotokolls enthält    0 gelöschte Dateien.
    Von diesen haben    0 Dateien alle Zuordnungseinheiten verfügbar,
                        0 Dateien einige Zuordnungseinheiten verfügbar,
                        0 Dateien haben keine Zuordnungsdatei verfügbar.

    Das MS-DOS-Verzeichnis enthält    2 gelöschte Dateien.
    Von diesen können    1 Dateien wahrscheinlich wiederhergestellt werden.

Die Löschüberwachung wird verwendet.

      GRIFF6   TXT        19 22.05.93 13.38   ...A  Gelöscht: 22.05.93 13.40
Diese Datei kann 100% wiederhergestellt werden. Wiederherstellen (J/N)?
```

Bild 4.6: Wiederherstellen einer gelöschten Datei

Falls Löschprotokollschutz besteht, werden auch Dateien zwischengespeichert, die von gleichnamigen Dateien überschrieben worden sind. Beim Wiederherstellen dieser Dateien zeigt UNDELETE nur eine Fehlermeldung. Sie können für die wiederherzustellende Datei jedoch einen neuen Namen vergeben. Anschließend stehen Ihnen beide Versionen zur Verfügung.

Benutzen Sie zum Wiederherstellen das UNDELETE-Programm nach der folgenden Syntax:

UNDELETE [[*LW:*][*Pfad*]*Dateiname*] [/LIST]

- [*LW:*][*Pfad*]*Dateiname* bezeichnet die Datei, die Sie wiederherstellen wollen. Geben Sie hier nichts an, bietet DOS Ihnen alle gelöschten Dateien nacheinander zur Wiederherstellung an. Sie können die Wiederherstellung einzeln bestätigen.
- /LIST listet die wiederherstellbaren Dateien nur auf, ohne sie wiederherzustellen.

Oh, auch das Verzeichnis ist weg!

4-11 Verzeichnisse wiederherstellen

Ich habe eine Datei und das Verzeichnis dieser Datei gelöscht. An den Verzeichnisnamen kann ich mich jedoch nicht mehr erinnern. Kann ich die Datei trotzdem retten?

Vorausgesetzt, während des Löschens war der Löschüberwachungsschutz von UNDELETE aktiv und die Datei ist noch nicht endgültig gelöscht, können Sie die Datei wiederherstellen.

UNDELETE schreibt bei Löschüberwachung den Namen und Pfad jeder gelöschten oder überschriebenen Datei in die Systemdatei CONTROL.FIL. In dieser Datei steht auch, unter welchem Namen die gelöschte Datei im Verzeichnis SENTRY gespeichert ist. Dateien werden beim Zwischenspeichern in diesem Verzeichnis nicht unter dem Originalnamen gespeichert, sondern mit einer internen Codebezeichnung versehen.

- Lassen Sie sich unter der DOS Shell die verborgenen Dateien des Verzeichnisses SENTRY zeigen.
- Markieren Sie anschließend die Datei CONTROL.FIL und drücken Sie die Funktionstaste [F9].
- Zwischen verschiedenen Steuerzeichen stehen die neue Codebezeichnung der Datei und der alte Dateiname mit dem Pfad (siehe Bild unten). Beide Angaben stehen dicht zusammen, während die Angaben für andere gelöschte Dateien deutlich von diesem Datenpaar getrennt stehen.

- Erstellen Sie jetzt das Verzeichnis unter dem alten Namen und versuchen Sie erneut, die Datei wiederherzustellen.

Im Bild 4.7 sehen Sie die Angaben für die gelöschte Datei C:\TEXTE \MEINTEXT.TXT (Codename A1B2C3K.MS).

```
                          MS-DOS-Shell - CONTROL.FIL
Darstellung  Anzeige  Hilfe
   Benutzen Sie BILD-↑, BILD-↓, ↑ oder ↓ zum Rollen der Dateianzeige!

 000000   FFFF0000  01005345  4E545259  21435053    ....SENTRY!CPS
 000010   23413142  3243334B  0200B61A  FB150000   #A1B2C3K..╢.√...
 000020   FFFF0100  23413142  3243334A  4D5320B6     ..#A1B2C3JMS ╢
 000030   1A206D20  B61AD76C  13000000  07000000   . m ╢.╫l........
 000040   0000433A  5C544553  54325C47  52494646   ..C:\TEST2\GRIFF
 000050   362E5458  54000000  00000000  00000000   6.TXT...........
 000060   00000000  00000000  00000000  00000000   ................
 000070   00000000  00000000  00000000  00000000   ................
 000080   00000000  00000000  00000000  00000000   ................
 000090   00000000  0000FFFF  23413142  3243334B   ......  #A1B2C3K
 0000A0   4D5320B6  1A406D20  B61A3C6D  2F000000   MS ╢.@m ╢.<m/...
 0000B0   07000000  0000433A  5C544558  54455C4D   ......C:\TEXTE\M
 0000C0   45494E54  4558542E  54585400  00000000   EINTEXT.TXT.....
 0000D0   00000000  00000000  00000000  00000000   ................
 0000E0   00000000  00000000  00000000  00000000   ................
 0000F0   00000000  00000000  00000000  00000000   ................
 000100   00000000  00000000                       ........

 ←┘=Bild nach unten  Esc=Abbrechen  F9=Hex/ASCII                        13:45
```

Bild 4.7: DOS Shell mit Inhalt von CONTROL.FIL

Huckepack

4-12 Dateien verknüpfen

Wie kann beim Starten eines Anwendungsprogramms gleich eine Datendatei geladen werden?

Sie können dies unter der Prompt-Oberfläche mit einer Parameterübergabe und noch einfacher unter der DOS Shell durch Verknüpfen von Dateien erreichen.

Unter der Prompt-Oberfläche geben Sie hinter dem Programmdateinamen den Namen und Pfad der Datendatei ein. Die folgende Zeile startet z.B. das Programm MS Word und lädt die Datei MEINTEXT.TXT in den Arbeitsbereich:

WORD MEINTEXT.TXT

Unter der DOS Shell verknüpfen Sie Datendateien mit einer bestimmten Erweiterung mit einer Programmdatei bzw. umgekehrt. Unter der DOS Shell wird dadurch ein Verweis gespeichert, der beim Aufrufen einer Datendatei die zugehörige Anwendung starten und die Datendatei in den Arbeitsbereich laden läßt. Beim Verknüpfen ist es unwichtig, ob Sie erst eine Datendatei markieren und diese mit einem Programm verknüpfen, oder ob Sie eine Programmdatei markieren und diese mit einer bestimmten Erweiterung verknüpfen. Wir zeigen Ihnen den ersten Weg.

- Markieren Sie eine Datei mit der Erweiterung, die Sie mit der Anwendung verknüpfen wollen.
- Wählen Sie den Befehl »Datei⇒Verknüpfen« aus.
- Geben Sie die gewünschte Programmdatei bzw. den Startbefehl im Dialogfeld an.

Bild 4.8 Dateien verknüpfen

Im Bild 4.8 haben wir Dateien mit der Erweiterung *.TXT mit der Anwendung MS Word verknüpft. Die voreingestellte Verknüpfung mit dem MS-DOS Editor haben wir damit automatisch gelöscht.

Sie können jetzt Word dadurch starten, daß Sie eine Datendatei doppelt anklicken oder markieren und die Eingabetaste [↵] drücken. Die ausgewählte Datendatei wird dabei automatisch mitgeladen.

Sie können problemlos mehrere Erweiterungen mit einer Anwendung verknüpfen. Gleichzeitig kann aber nur eine Anwendung mit einer bestimmten Erweiterung verknüpft sein.

Verknüpfungen gelten nur unter der DOS Shell, nicht jedoch unter der Prompt-Oberfläche oder innerhalb anderer Anwendungsprogramme. Unter MS Windows können Sie eigene Verknüpfungen einrichten.

Heinzelmännchen

4-13 Eingaben umlenken

Ich möchte nicht jede Eingabe unter DOS selber eintasten. Kann ich, z.B. beim Formatieren, auch Tastatureingaben oder Zeichen allgemein aus einer Datei einlesen?

Allgemein können Sie Eingaben zu einem Befehl aus einer Datei einlesen lassen. Dies gilt für die Tastataureingaben beim Formatieren genauso wie für eine Textdatei, die Sie mit SORT sortieren wollen. Wir zeigen Ihnen hier beides als Beispiel.

Beim Formatieren verlangt DOS das Drücken der Eingabetaste [↵] bei eingelegter Diskette, die Angabe des Datenträgernamens und die Taste [N], wenn Sie keine Diskette mehr formatieren wollen. Genau diese Daten können Sie in eine Datei FORMAT.TXT schreiben. Geben Sie dann folgenden Formatierbefehl ein:

FORMAT A: <FORMAT.TXT

DOS wird Sie nach Eingabe dieses Befehls erst wieder mit einer neuen Prompt-Meldung zur Eingabe auffordern. Das Bild zeigt Ihnen den Inhalt von FORMAT.TXT, falls Sie keine Datenträgerbezeichnung vergeben wollen. Ansonsten geben Sie den Namen anstatt der Leerzeile in der zweiten Zeile ein.

```
C:\>type format.txt

n

C:\>
```

Bild 4.10: Inhalt der Datei FORMAT.TXT

Sie können die Befehlszeile auch in eine Stapeldatei oder ein Makro einbauen und damit noch einmal viel bedienungsfreundlicher gestalten, z.B. indem Sie auch den Datenträgernamen als Parameter übergeben. In Kapitel 6 beschreiben wir Tricks zu Stapelprogrammen und in Kapitel 8 Makros.

Um Daten für einen anderen Befehl, z.B. SORT aus einer Datei zu lesen, gehen Sie ganz ähnlich vor. Der folgende Befehl liest die zu sortierenden Daten aus der Datei C:\TEXTE\TEXT1.TXT und schreibt sie sortiert in die Datei SORTTEXT.TXT im aktuellen Verzeichnis:

SORT <C:\TEXTE\TEXT1.TXT >SORTTEXT.TXT

... getrost nach Hause tragen

4-14 Ausgaben umlenken

Ich möchte die Datenausgabe des Befehls MEM (oder eines anderen Befehls) nicht am Bildschirm auswerten, sondern manuell in Papierform. Wie kann ich mir die Bildschirmdaten ausdrucken oder in eine Textdatei schreiben lassen?

Beides ist möglich. Sie benutzen dazu die Ausgabeumlenkung von DOS. Mit dieser Umlenkung, die Sie mit einem Größer-Zeichen »>« eingeben, können Sie Bildschirmausgaben an ein Gerät oder in eine Datei umlenken. Der folgende Befehl druckt eine Liste der Speicherbelegung in Ihrem System auf einem Textdrucker aus:

MEM /C >PRN

Auf dem Bildschirm sehen Sie dabei nichts mehr, wie das folgende Bild zeigt:

```
C:\>mem > prn

C:\>
```

Bild 4.9: Umleiten der Bildschirmausgabe

Bei der Ausgabe in eine Datei können Sie Daten

- in eine neue Datei schreiben,
- die alten Daten überschreiben
- oder auch die neuen Befehlsausgaben an den bestehenden Text anhängen.

Um eine Datei mit regelmäßigen Daten über den Festplattenzustand zu erhalten, können Sie folgenden Befehl verwenden:

CHKDSK >> C:\HDCHECK.TXT

DOS überschreibt bei der einfachen Umlenkung mit »>« bestehende Dateien ohne Vorwarnung. Wenn die Zieldatei schreibgeschützt ist, zeigt DOS eine Fehlermeldung und überschreibt die alten Daten nicht.

Gute Daten bring ich Dir

4-15 Daten übergeben

Ich möchte die Ausgabe eines DOS-Befehls als Eingabe eines anderen Befehls verwenden. Mit Datenumlenkungen kam ich nicht zum Erfolg!

Wenn Sie die Ausgaben eines Befehls als Eingabe des nächsten verwenden wollen, können Sie das „Verkettungszeichen", den Datenübergabeparameter »|« verwenden. Sie erzeugen dieses Zeichen mit [Alt Gr]-[<] oder mit [Alt]-[1][2][4].

TYPE TEXT.TXT | MORE

oder

MORE < TEXT.TXT

zeigt den Inhalt der Datei TEXT.TXT bildschirmseitenweise an.

TYPE J.TXT | DEL *.*

übergibt den Inhalt der Datei J.TXT (das Zeichen J und eine Zeilenschaltung) an den Befehl DEL und löscht damit alle Dateien des aktuellen Verzeichnisses ohne Vorwarnung.

DIR | SORT

zeigt die Zeilen des Inhaltsverzeichnisses nach dem Alphabet sortiert auf dem Bildschirm an, wie auch die DOS Shell in der Voreinstellung.

Falls Sie DIR mit immer den gleichen Parametern verwenden wollen, sollten Sie die Zeile SET DIRCMD=... in die AUTOEXEC.BAT aufnehmen. Anstelle der Punkte schreiben Sie die gewünschten Parameter zu DIR.

5 Textverarbeitung

Ich will sehen!

5-1 Textdateien ansehen

Ich habe mit einem Textverarbeitungsprogramm mehrere Dateien erstellt. Jetzt möchte ich mir den Inhalt dieser Textdateien ansehen, ohne mein Textverarbeitungsprogramm zu starten. Wie kann ich Textdateien unter DOS ansehen?

DOS stellt Ihnen verschiedene Befehle zur Verfügung, um

- den Inhalt von Textdateien darzustellen (wie hier beschrieben) oder
- Dateien auch zu verändern (wie wir später besprechen).

Sie können sowohl die DOS Shell, als auch die Prompt-Oberfläche oder Windows verwenden, wenn Sie ich den Inhalt von Dateien ansehen. Der Dateiinhalt kann jeweils seitenweise angezeigt werden.

Unter der Prompt-Oberfläche wählen Sie den Befehl TYPE (oder MORE), um Textdateien darzustellen. Geben Sie hinter dem Befehlswort die gewünschte Datei an. Falls der Dateiinhalt nicht auf eine Bildschirmseite paßt, können Sie die Daten mit | MORE so übergeben, daß Sie jeweils nach einer vollen Bildschirmseite eine Taste drücken müssen, um die nächste Seite zu sehen.

Das Bild 5.1 zeigt den Bildschirm zu diesem Beispielbefehl:

TYPE D:\BUCH\KAP1.TXT | MORE [↵]

der die gleiche Wirkung hat wie

MORE < D:\BUCH\KAP1.TXT [↵]

Sie können den Dateiinhalt auch auf den Bildschirm kopieren, allerdings wartet DOS hierbei nicht bei vollen Bildschirmseiten:

COPY D:\BUCH\KAP1.TXT CON [↵]

Da der Bildschirm Teil der Konsole ist (neben der Tastatur), werden die Daten auf dem Bildschirm angezeigt. Vergleichen Sie dazu auch mit Rezept 5-3. Sie können den Textdurchlauf stoppen, indem Sie [Strg]-[S] tasten, und fortsetzen, indem Sie eine beliebige Taste drücken.

Steuerzeichen des Textprogrammes werden soweit möglich und vorhanden angezeigt oder in Töne umgesetzt. Der Text erscheint auf dem Bildschirm vollkommen unformatiert.

```
C:\>more < d:\buch\kap1.txt
1 DOS installieren
Weg mit der Konkurrenz; Der erste Schritt
Festplatte vorbereiten
Ich möchte MS-DOS 6.0 auf einer Festplatte installieren, hat-
te aber vorher OS/2 oder DR DOS installiert. Machen die
jetzt Ärger? Kann ich frisch gekaufte Festplatten sofort mit
MS-DOS benutzen?
Falls Sie von Betriebssystemen wie OS/2 oder DR DOS abkehren
und MS-DOS auf Ihrem System installieren wollen, müssen Sie
die "alten" Betriebssysteme mitsamt allen Partitionen voll-
ständig von der Festplatte löschen. Andernfalls müssen Sie
versuchen, die Festplatte grundzuformatieren.
Löschen Sie das "alte" Betriebssystem noch mit diesem Pro-
gramm einschließlich aller Partitionen. Mit einer
Vollversion von MS-DOS 6.0 können Sie dann Ihr System star-
ten und die Festplatte für MS-DOS vorbereiten.
Falls Sie eine "jungfräuliche" Festplatte mit MS-DOS
-- Fortsetzung --
```

Bild 5.1: Darstellung der ersten Bildschirmseite von KAP1.TXT mit MORE

Auch in der DOS Shell haben Sie die Möglichkeit, Dateiinhalte anzusehen. Sie können dort zusätzlich zwischen

- der Darstellung mit ASCII-Zeichen und
- einer gemischten Darstellung ASCII-hexadezimaler Code wählen.

Die folgende Eingabereihenfolge ist dabei am besten:

1. Markieren Sie die Datei im gewünschten Verzeichnis mit den Richtungstasten [nach oben] und [nach unten] oder der Tabulatortaste [⇆];
2. Drücken Sie die Funktionstaste [F9], um den Dateiinhalt auf dem Bildschirm darzustellen. Texte mit Steuerzeichen werden gemischt mit dem hexadezimalen Code dargestellt, Texte ohne Steuerzeichen nur mit ASCII-Zeichen;
3. Drücken Sie wiederum [F9], um zwischen den Darstellungsarten umzuschalten;
4. Drücken Sie [Esc], um zur DOS Shell zurückzukehren.

Das Bild 5.2 zeigt die Datei KAP1.TXT in der gemischten Darstellung.

Trotz der Darstellung der Zeichen mit Ihrem hexadezimalen Code können Sie die Daten nicht zeichenweise bearbeiten. Hierzu benötigen Sie das Programm DEBUG oder einen Hexadezimal-Editor.

```
MS-DOS-Shell - KAP1.TXT
Darstellung  Anzeige  Hilfe
 Benutzen Sie BILD-↑, BILD-↓, ↑ oder ↓ zum Rollen der Dateianzeige!

 000000 | 312E2044  4F532069  6E737461  6C6C6965 | 1. DOS installie
 000010 | 72656E0D  0A576567  206D6974  20646572 | ren..Weg mit der
 000020 | 204B6F6E  6B757272  656E7A3B  20446572 |  Konkurrenz; Der
 000030 | 20657273  74652053  63687269  74740D0A |  erste Schritt..
 000040 | 46657374  706C6174  74652076  6F726265 | Festplatte vorbe
 000050 | 72656974  656E0D0A  49636820  6D946368 | reiten..Ich möch
 000060 | 7465204D  532D444F  5320362E  30206175 | te MS-DOS 6.0 au
 000070 | 66206569  6E657220  46657374  706C6174 | f einer Festplat
 000080 | 74652069  6E737461  6C6C6965  72656E2C | te installieren,
 000090 | 20686174  74652061  62657220  766F7268 |  hatte aber vorh
 0000A0 | 6572200D  0A4F532F  32206F64  65722044 | er ..OS/2 oder D
 0000B0 | 5220444F  5320696E  7374616C  6C696572 | R DOS installier
 0000C0 | 742E204D  61636865  6E206469  65206A65 | t. Machen die je
 0000D0 | 747A7420  8E726765  723F204B  616E6E20 | tzt Ärger? Kann 
 0000E0 | 69636820  66726973  6368200D  0A67656B | ich frisch ..gek
 0000F0 | 61756674  65204665  7374706C  61747465 | aufte Festplatte
 000100 | 6E20736F  666F7274  206D6974  204D532D | n sofort mit MS-
 000110 | 444F5320  62656E75  747A656E  3F0D0A46 | DOS benutzen?..F
 000120 | 616C6C73  20536965  20766F6E  20126574 | alls Sie von Bet
 000130 | 72696562  73737973  74656D65  6E207769 | riebssystemen wi
<─┘=Bild-nach-unten  Esc=Abbrechen  F9=Hex/ASCII                16:21
```

Bild 5.2: Darstellung der Datei KAP1.TXT unter der DOS Shell

Schwarz auf Weiß

5-2 Textdateien ausdrucken

Ich möchte meine Startdateien CONFIG.SYS und AUTOEXEC.BAT sowie auch kleinere Textdateien ausdrucken, ohne ein Textverarbeitungsprogramm zu starten. Welcher Befehl steht mir dafür zur Verfügung?

MS-DOS 6.0 kennt verschiedene Befehle, Dateien auszudrucken. Tabelle 5.1 zeigt die Unterschiede zwischen den Befehlen auf.

Für diesen Zweck vorgesehen ist das speicherresidente Programm PRINT. Mit PRINT können Sie Dateien im Hintergrund ausdrucken lassen, während das System schon wieder andere Aufgaben wahrnimmt. Eine Druckwarteschlange mit mehreren Dateien, die nacheinander automatisch gedruckt werden, ist möglich.

Druckfunktion	Eingabeaufforderung	DOS Shell
Hardcopy/einzelne Bildschirmseiten	[Druck]-Taste	[Druck]-Taste
Mitschnitt/Druckerprotokoll	[Strg]-[P] oder [Strg]-[Druck]	
Drucken im Vordergrund	> PRN COPY ... PRN	
Drucken im Hintergrund	PRINT	PRINT einmal starten und anschließend »Datei ⇒Drucken«

Tabelle 5.1: Druckbefehle unter DOS

Tasten Sie z.B. zum Ausdrucken der Dateien MEINTEXT.TXT und AUTOEXEC.BAT den Befehl

PRINT C:\TEXTE\MEINTEXT.TXT C:\AUTOEXEC.BAT [↵],

benutzen Sie im allgemeinen Fall die folgende vereinfachte Syntax:

PRINT /D:*Gerät* [*LW:*][*Pfad*\]*Dateiname* [*LW:*][*Pfad*\]*Dateiname* [/T]

Dabei bezeichnet

- *Gerät* die Schnittstelle, über die das System drucken soll bzw. PRN für die Standardschnittstelle;
- [*LW:*][*Pfad*\]*Dateiname* die Datei, die gedruckt werden soll, wobei Sie mehrere Dateien durch Leerzeichen trennen;
- /T, daß der Druck sofort abgebrochen und die Papierseite herausgeschoben wird und alle Dateien aus der Warteschlange gelöscht werden.

Eine weitere Möglichkeit zum Drucken von Dateien ist das Kopieren auf einer Datei auf den Drucker. Um über die Standard-Schnittstelle mit einem Textdrucker zu drucken, verwenden Sie für das o.g. Beispiel den Befehl

COPY C:\TEXTE\MEINTEXT.TXT+C:\AUTOEXEC.BAT PRN [↵]

oder allgemein

COPY [*LW:*][*Pfad*\]*Dateiname*[+[*LW:*][*Pfad*\]*Dateiname*+..] PRN

wobei hier [*LW:*][*Pfad*\]*Dateiname* wiederum die zu druckende Datei bezeichnet und PRN die Gerätebezeichnung des Druckers ist (Zielangabe). Lesen Sie hierzu auch das Rezept zum Zusammenfügen von Dateien mit COPY weiter hinten in diesem Kapitel.

Als dritte Möglichkeit möchten wir Ihnen die Umleitung der Standardausgabe auf den Drucker vorstellen (z.B. TYPE MEINTEXT.TXT > PRN). Der Befehl

TYPE [*LW:*][*Pfad*\]*Dateiname* > PRN

hat die gleiche Wirkung wie der vorhergehende, wobei Sie hier nur jeweils eine Datei drucken können.

Die Varianten mit COPY und TYPE haben gegenüber der PRINT-Lösung den Vorteil, daß sie keinen wertvollen Speicherplatz verbrauchen, da nur bei PRINT ein speicherresidenter Programmteil im RAM verbleibt, bis das System ausgeschaltet wird.

Unter der DOS Shell drucken Sie Textdateien, indem Sie sie markieren und anschließend den Befehl »Datei⇒Drucken« auswählen. Vorher müssen Sie jedoch den Befehl PRINT unter der Prompt-Oberfläche eingegeben haben, z.B. innerhalb der AUTOEXEC.BAT.

Quicktext

5-3 Textdateien erstellen mit COPY CON ...

Ich möchte ganz schnell eine kleine Textdatei ohne Textverarbeitungsprogramm erstellen. Geht das mit DOS?

Sie können den Kopierbefehl von DOS benutzen, um schnell eine neue Datei zu erstellen. Für das Bearbeiten einer Textdatei benutzen Sie dagegen das alte EDLIN (zeilenorientiert) oder EDIT (Bildschirmorientiert). Der Kopierbefehl kopiert Daten von einer Quelle an ein Ziel, wobei hier Ihre Tastatur als Teil des Gerätes „Konsole" (Bezeichnung CON) die Datenquelle ist.

Wenn Sie z.B. von einem beliebigen Verzeichnis aus die Datei TESTTEXT.TXT im Verzeichnis C:\TEXTE erstellen wollen, geben Sie den folgenden Befehl ein:

COPY CON C:\TEXTE\TESTTEXT.TXT

1. Tasten Sie den gewünschten Text mit allen Zeilenumbrüchen ein,
2. drücken Sie am Ende des Textes die Funktionstaste [F6] oder die Tastenkombination [Strg]-[Z], um ein Dateiendezeichen zu erzeugen und
3. betätigen Sie die Eingabetaste [↵].

Das folgende Bild zeigt Ihnen, wie wir die Beispieldatei erzeugt haben und uns anschließend den Dateiinhalt mit TYPE angesehen haben.

```
C:\>copy con c:\texte\testtext.txt
Dies ist die erste Zeile des Testtextes,
und dies ist die zweite Zeile.
Schreiben Sie wie auf einer Schreibmaschine. Beenden
Sie den Text mit Strg-Z.
^Z
          1 Datei(en) kopiert

C:\>type c:\texte\testtext.txt
Dies ist die erste Zeile des Testtextes,
und dies ist die zweite Zeile.
Schreiben Sie wie auf einer Schreibmaschine. Beenden
Sie den Text mit Strg-Z.

C:\>
```

Bild 5.3: Erstellen einer Datei mit der Konsole

Wenn Sie vor dem Eingeben des Textes die Tastenkombinaton [Strg]-[P] oder [Strg]-[Druck] drücken, gibt Ihr Drucker die eingegebenen Zeichen zusätzlich aus und Sie bekommen einen Ausdruck Ihrer Arbeit sofort protokolliert. In Rezept 5-7 ergänzen wir eine bestehende Textdatei mit COPY ...+CON.

Not-Editor

5-4 Textdateien bearbeiten (EDLIN)

Ich möchte eine Textdatei erstellen oder bearbeiten, vertippe mich aber zu oft bei COPY CON. Wie kann ich bequemer mit Texten arbeiten?

Unter MS-DOS können Sie Texte mit den Programmen EDLIN und EDIT erstellen und bearbeiten.

Falls Sie MS-DOS 6.0 als Update von einer früheren Version installiert haben, befindet sich noch der Zeileneditor EDLIN auf Ihrem System. Um EDLIN benutzen zu können, müssen Sie SETVER mit einem DEVICE- oder DEVICEHIGH-Befehl in der CONFIG.SYS installiert haben.

Falls Sie DOS nicht als Update installiert haben oder EDLIN Ihnen nicht genug Komfort bietet, sollten Sie den MS-DOS Editor verwenden, den wir im nächsten Rezept beschreiben. EDLIN ist ein so kompaktes Programm, daß es auch auf eine Not-Bootdiskette paßt. Setzen Sie EDLIN also ein, wenn Ihnen andere Textverarbeitungsprogramme fehlen.

EDLIN starten Sie z.B. zum Erstellen oder Bearbeiten von TEXTFILE.TXT mit dem Befehl

EDLIN TEXTFILE.TXT [↵]

oder allgemein mit

EDLIN [*LW*:][*PfadDateiname*** [↵]

DOS zeigt dann die EDLIN-Eingabeaufforderung, den Stern *. Geben Sie jetzt einen der EDLIN-Befehle ein, um die Datei zu bearbeiten. Folgende Befehle stehen Ihnen zur Verfügung:

Befehl	Verwendung
Zeile	Zeigt die gewünschte Zeile des Textes
a	Lädt einen Teil des Textes, falls der Speicher nicht ausreicht, den gesamten Text zu laden
c	Kopiert eine oder mehrere Zeilen an einen neuen Ort im Text
d	Löscht eine oder mehrere Zeilen des Textes
e	Speichert den Text und verläßt EDLIN
i	Fügt Textzeilen vor der aktuellen Zeile ein
l	Zeigt eine oder mehrere Zeilen des Textes auf dem Bildschirm an
m	Verschiebt eine oder mehrere Zeilen an einen neuen Ort im Text
p	Zeigt 23 Zeilen des Textes auf dem Bildschirm an, beginnend bei der aktuellen Zeile
q	Beendet EDLIN, ohne den Text zu speichern
r	Sucht Textpassagen und ändert Sie in neue Zeichen um
s	Sucht Textpassagen
t	Kopiert eine Textdatei in eine andere Datei
w	Schreibt eine oder mehrere Zeilen auf den Datenträger (Zwischenspeicherung bei zu großen Dateien)

Vor dem Befehlsbuchstaben geben Sie die Zeile(n) an, auf die sich der Befehl beziehen soll. Der folgende Befehl löscht z.B. die Zeilen 2 bis 4 des geladenen Textes:

2,4d [↵]

Der richtige Editor

5-5 Textdateien bearbeiten (EDIT)

Ich benötige ein Textprogramm, mit dem ich einfach reine ASCII-Texte erstellen kann, das aber leichter zu bedienen ist als EDLIN und mehr Funktionen bietet als COPY CON.

Sie sollten den MS-DOS Editor verwenden. Der Editor ist ein Ganzbildschirmprogramm mit Menüs, interaktiver Hilfe und Mausbedienung. Sie können den MS-DOS Editor über eine Programmzuordnung von der DOS Shell oder über den Befehl EDIT von der Prompt-Oberfläche starten. Unter der DOS Shell können Sie in einem Dialogfeld, vom Prompt als Parameter die Datei angeben, die Sie bearbeiten oder erstellen wollen.

Das folgende Bild zeigt den MS-DOS Editor mit der geladenen Datei KAP1.TXT (siehe Titelzeile des Arbeitsbereiches).

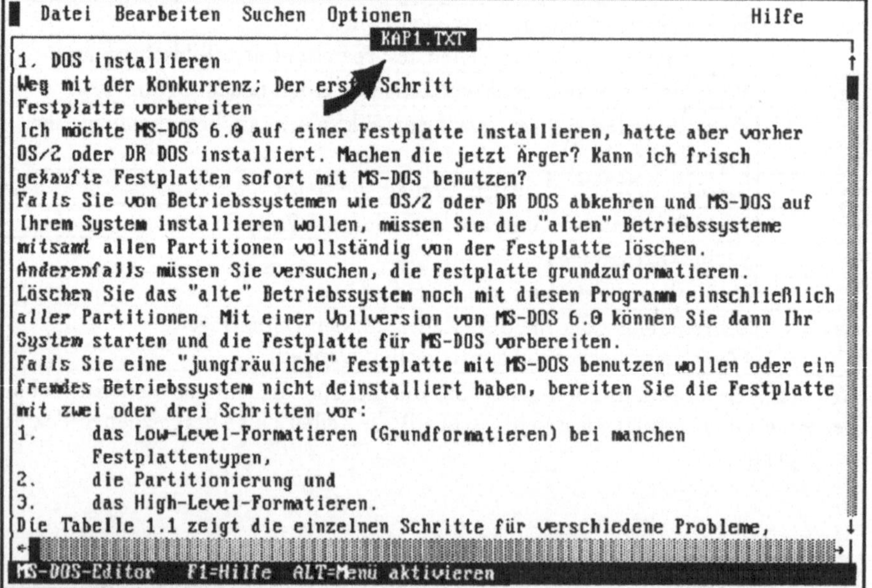

Bild 5.4: MS-DOS Editor mit der Datei KAP1.TXT

In den Menüs finden Sie Befehle zum Laden und Speichern des Textes, zum Ausschneiden, Kopieren und Einfügen von Zeichen und zum Suchen von Zeichenfolgen zur Verfügung. Im Menü »Hilfe« finden Sie interaktive Hilfe.

Der MS-DOS Editor ist kein Textverarbeitungsprogramm der Oberklasse, sondern ein ASCII-Editor, der auf Steuerzeichen verzichtet. Sie haben damit keine Möglichkeit, den Text zu formatieren (fett, kursiv, Schriftgröße und -art) oder das Layout zu kontrollieren u.ä.

Der Editor benötigt relativ viel Speicherplatz, da er nicht ohne MS-DOS QBasic arbeitet. Wegen des hohen Datenträger-Speicherbedarfes eignet sich der Editor nicht für eine Not-Startdiskette.

Der Dateikleber

5-6 Textdateien verbinden

Ich möchte mehrere reine Textdateien zu einer einzigen zusammenfügen. Muß ich dafür die Zusammenfüge-Funktionen von Anwendungsprogrammen benutzen, oder stellt DOS bereits solche Funktionen zur Verfügung?

Sie können unter DOS auf verschiedene Arten zwei oder mehr Dateien zu einer zusammenfügen. Wir stellen Ihnen hier drei verschiedene Möglichkeiten vor, mit COPY, mit einer Dateiumlenkung und mit dem MS-DOS Editor.

Mit COPY können Sie mehrere Dateien als Quelldateien angeben und mit Pluszeichen »+« verbinden. Das folgende Beispiel verknüpft die Dateien PROBLEM.TXT, VERSUCH.TXT und ERGEBNIS.TXT zu der Datei PROTO.TXT:

COPY PROBLEM.TXT+VERSUCH.TXT+ERGEBNIS.TXT PROTO.TXT [↵]

Allgemein verwenden Sie diese Syntax:

COPY *[LW:][Pfad\]Dateiname1+[LW:][Pfad\]Dateiname2+... Zieldateiname*

Die Quelldateien bleiben bei diesem Verfahren unverändert erhalten, falls Sie als Ziel den Namen einer neuen Datei angeben. Geben Sie keine Zieldatei an, bekommt die zusammengefügte Datei den Namen *Dateiname1*. Ein weiteres Beispiel für dieses Verfahren sehen Sie im Bild unten.

Einen ähnlichen Effekt wie beim oben beschriebenen Befehl erzielen Sie, wenn Sie den Befehl

TYPE *[LW:][Pfad\]Dateiname2* > > *[LW:][Pfad\]Dateiname1*

eingeben. Dort werden an die Daten von *Dateiname1* die Daten von *Dateiname2* angefügt. Die zusammengefügte Datei bekommt den Namen *Dateiname1*. Auch hierfür sehen Sie ein Beispiel unten im Bild.

```
C:\>copy file1.txt+file2.txt file3.txt
FILE1.TXT
FILE2.TXT
        1 Datei(en) kopiert

C:\>type file1.txt
Dies ist der Inhalt von FILE1.TXT
Dies ist dagegen der Inhalt von FILE2.TXT!

C:\>type file2.txt >> file1.txt

C:\type file1.txt
Dies ist der Inhalt von FILE1.TXT
Dies ist dagegen der Inhalt von FILE2.TXT!

C:\>
```

Bild 5.5: Zwei Methoden, um Dateien zusammenzufügen

Mit dem MS-DOS Editor machen Sich sich die Kopier- und Einfügefunktionen zunutze:

1. Laden Sie die **erste** Datei mit »Datei⇒Öffnen«,
2. Markieren Sie den gesamten Text und wählen Sie »Bearbeiten⇒Kopieren«,
3. Öffnen Sie die Datei mit dem zweiten Teil der Daten und
4. setzen Sie die Schreibmarke an den Textanfang und wählen Sie dann »Bearbeiten⇒Einfügen«.

Wenn Sie jetzt speichern, enthält diese Datei den Inhalt beider Dateien.

Sie können mit diesem Verfahren nur begrenzt Daten an Dateien von Anwendungsprogrammen anhängen. Obwohl ein bestehendes Dateiendezeichen vom Ende der ersten Datei an das Ende der zweiten Datei verschoben wird, erkennen manche Anwendungen (z.B. MS Word) ein Dateiende an eigenen Steuerzeichen. Solche Programme würden die zusammengefügte Datei nur bis zum Ende des ersten Teils lesen und bearbeiten.

Anderen 'was anhängen

5-7 Textdateien ergänzen

Ich möchte an eine Textdatei ein paar Zeilen anfügen, ohne dafür ein Textprogramm zu starten. Habe ich dabei die Möglichkeit, Datenausgaben von DOS-Befehlen zu verwenden?

Sie können an bestehende Dateien sowohl eigene Daten anhängen als auch DOS-Befehlsausgaben. Im ersten Fall verwenden Sie den Befehl COPY, im zweiten die Ausgabeumleitung von DOS.

Um an eine bestehende Datei (z.B. die Datei TEXT.TXT) ein paar Zeilen anzufügen, verwenden Sie den folgenden Befehl

COPY C:\TEXTE\TEXT.TXT+CON [↵]

Dieser Befehl hängt an die Datei C:\TEXTE\TEXT.TXT die Daten an, die von der Tastatur kommen (als Teil der Konsole). Das Ergebnis wird als TEXT.TXT gespeichert und überschreibt dabei die Originaldaten. Sie könnten genauso aber auch einen neuen Dateinamen angeben. Das Bild 5.6 zeigt dieses Beispiel noch einmal.

```
C:\>copy c:\texte\text.txt+con
C:\TEXTE\TEXT.TXT
CON
Dies ist die Zeile, die an TEXT.TXT angehängt wird. Hier
könnten auch mehrere Zeilen stehen.
        1 Datei(en) kopiert

C:\>type c:\texte\text.txt
Dies ist der Inhalt von TEXT.TXT. Diese Datei kann auch sehr
lang sein!
Dies ist die Zeile, die an TEXT.TXT angehängt wird. Hier
könnten auch mehrere Zeilen stehen.

C:\>
```

Bild 5.6: Ergänzen einer Textdatei über die Konsole

Um an eine bestehende Datei Ausgabedaten von DOS-Befehlen anzuhängen, verwenden Sie die Ausgabeumlenkung > > von DOS. Der Befehl

TIME < EINGABE.TXT > > USAGE.LOG

hängt z.B. die aktuelle Systemzeit an die bestehenden Daten in der Datei USAGE.LOG. Aus der Datei EINGABE.TXT wird dabei eine Zeilenschaltung gelesen (entspricht Drücken der Eingabetaste [↵]). Wenn Sie diese Befehlszeile in die AUTOEXEC.BAT einbauen, wird jeweils die Einschaltzeit in die Datei USAGE.LOG geschrieben. Sie erhalten so einen Überblick über die Benutzung des Systems.

Manche Anwendungsprogramme (wie MS Word) verwenden Ihre eigenen Dateiende-Markierungen. Hängen Sie mit den hier genannten Befehlen Daten an Datendateien solcher Anwendungen an, kann es passieren, daß die Anwendung die Anhängsel nicht erkennt und bearbeiten kann.

Nadel im Heuhaufen

5-8 Zeichen in Texten suchen

Um schnell eine bestimmte Zeile in einer Textdatei lesen zu können, möchte ich Dateien nach Zeichenfolgen durchsuchen. Muß ich dazu meine Augen bemühen, oder kann ich DOS und meinen Computer für mich arbeiten lassen?

Zeichenfolgen sucht DOS für Sie mit dem Befehl FIND. Das folgende Bild zeigt ein Beispiel. Wir suchen dort in einer einfachen Telefonkartei nach der Zeichenfolge »Meier« und erhalten als Ausgabe alle Textzeilen, die die Zeichenfolge enthalten.

```
C:\>find "Meier" c:\telefon.txt
---------- C:\TELEFON.TXT
Meier, Dieter, 20099 Hamburg, Tel. 040 / 11 22 33

C:\>
```

Bild 5.7: Namenssuche in einer Adreßdatei

Verwenden Sie den Befehl mit der vollständigen Syntax:

FIND [/V] [/C] [/N] [/I] "*Zeichenfolge*" [[*LW:*][*Pfad*]*Dateiname* [...]]

- /V zeigt die Zeilen, die *Zeichenfolge* nicht enthalten;
- /C zeigt die Anzahl der Zeilen, die *Zeichenfolge* enthalten;
- /N zeigt die Zeilen und Zeilennummer, die *Zeichenfolge* enthält; zusammen mit /C nicht wirksam;
- /I läßt die Groß- und Kleinschreibung bei der Suche unberücksichtigt;
- "*Zeichenfolge*" gibt die zu suchende Zeichenfolge an;
- [*LW:*][*Pfad*]*Dateiname* gibt Namen und Position der zu suchenden Datei an. Sollen mehrere Dateien durchsucht werden, trennen Sie die Namen mit Leerzeichen.
- Ohne Dateiangabe durchsucht DOS den von Ihnen anschließend einzugebenden Text. Diesen können Sie mit [Strg]-[Z] oder [F6] abschließen.

Hübsch der Reihe nach

5-9 Textzeilen sortieren

Ich habe eine einfache Daten-Datei aus ASCII-Zeichen geschrieben, z.B. aus der Inhaltsverzeichnisausgabe von DIR. Kann ich diese Datei nun alphabetisch sortieren, um eine bessere Übersicht über die Daten zu gewinnen?

Ein Eintrag läßt sich in einem Text oft leichter finden, wenn die Texteinträge sortiert sind. Inhaltsverzeichnisse können Sie unter der DOS Shell oder mit DIR /O sortiert ansehen, beliebige Texte dagegen sortierten Sie mit SORT.

Der Befehl SORT sortiert Textzeilen nach dem ASCII-Code, wobei SORT nicht zwischen Klein- und Großbuchstaben unterscheiden kann. Die Daten zum Sortieren erhält der Befehl mit Datenumlenkungen und mit dem Datenübergabeparameter. Wir erklären Ihnen den Befehl anhand von Beispielen. Als Parameter zu SORT können Sie

- /R angeben, um nach dem umgekehrten ASCII-Code zu sortieren oder
- /+*n*, um den Text ab der *n*-ten Spalte zu sortieren.

```
DIR | SORT /+9
```

gibt das Inhaltsverzeichnis sortiert nach den Zeichen ab der 9. Spalte aus. In der 9. Spalte beginnt die Dateinamenerweiterung.

```
SORT /R < QUELTEXT.TXT > ZIELTEXT.TXT
```

liest die Daten aus der Datei QUELTEXT.TXT, sortiert sie umgekehrt zum ASCII-Code und schreibt die sortierten Zeilen in die Datei ZIELTEXT.TXT. Die gleiche Funktion hat der Befehl

```
TYPE QUELTEXT.TXT | SORT /R > ZIELTEXT.TXT
```

6 Stapelprogramme

Eigenen Senf dazugeben

6-1 Kommentare

Ich möchte in mein Stapelprogramm Zeilen einfügen, die den Programmcode erläutern, nicht aber als Befehl verstanden und ausgeführt werden. Wie kann ich unsichtbare und sichtbare Benutzerinformationen eingeben?

DOS kennt

- den Befehl REM (für engl. »Remark«) und die Sprungmarke »:«, um interne Kommentarzeilen in den Programmtext zu schreiben,
- und den Befehl ECHO für Benutzerinformationen.

Die Zeichen hinter REM oder »:« werden nicht als Befehle interpretiert und nicht ausgeführt. Sie können diese Befehle also auch benutzen, um einzelne Befehlszeilen in fehlerhaften Programmen vorübergehend „stillzulegen“.

Beachten Sie aber, daß die REM-Kommentarzeilen auch auf dem Bildschirm erscheinen, falls Sie das Befehlsecho nicht ausgeschaltet haben (siehe unten). Die Sprungmarke »:« wurde ursprünglich nicht zum Kommentieren eingeführt, sondern zur Programmgliederung.

Für Erläuterungen, die der Benutzer lesen soll, können Sie den Befehl ECHO mit der folgenden Syntax verwenden:

ECHO *Text*

wobei *Text* ein beliebiger Text ist, der dem Benutzer ausgegeben wird. Geben Sie hinter dem Begriff ECHO ohne ein Leerzeichen einen Punkt ein, zeigt DOS eine Leerzeile. Falls das Befehlsecho eingeschaltet ist, zeigt DOS zuerst die Befehlszeile und anschließend noch einmal den Echotext.

Sie können das Befehlsecho jedoch auch ausschalten. Verwenden Sie dazu den Befehl ECHO OFF. DOS zeigt dann nicht mehr die einzelnen Befehle, sondern nur noch die Befehlsausgaben.

Im nächsten Absatz sehen Sie ein Programm mit den Befehlen REM und ECHO. Führen Sie dieses Programm einmal so aus und kommentieren Sie dann den ECHO OFF Befehl heraus, um die Unterschiede kennenzulernen.

```
ECHO OFF
REM PROGRAMM ZUM ERLÄUTERN VON ECHO UND REM
REM DIES IST EIN INTERNER KOMMENTAR
REM DIE FOLGENDE ZEILE WIRD AB "ECHO" AUF DEM BILDSCHIRM AUSGEGEBEN
```

```
ECHO DIES IST EINE ZEILE, DIE DER BENUTZER LESEN SOLL,
ECHO Z.B. EINE BEDIENUNGSANLEITUNG
REM PROGRAMMENDE
```

Falls Sie den Klammeraffen »@«in die erste Zeile vor ECHO OFF schreiben, wird auch dieser Befehl nicht angezeigt. Die folgende Tabelle zeigt, welche Kommentar-Befehle bei ein- und bei ausgeschaltetem Befehlsecho auf dem Bildschirm zu sehen sind und welche nicht.

Befehl	sichbar mit ECHO OFF	sichtbar mit ECHO ON
:*Text*	nur im Quelltext	nur im Quelltext
REM *Text*	nur im Quelltext	im Quelltext und bei der Ausführung
ECHO *Text*	im Quelltext und bei der Ausführung	im Quelltext und zweimal bei der Ausführung

Wenn ..., dann ...

6-2 Fallunterscheidungen

Ich möchte in meinem Stapelprogramm nicht nur lineare Befehlsfolgen verwenden, sondern auch Fälle unterscheiden. Diese sollen je nachdem, ob eine Bedingung erfüllt ist oder nicht, bestimmte Unterprogramme aufrufen.

In MS-DOS-Stapelprogramme können Sie Fallunterscheidungen nach dem Wenn-Dann-Schema einbauen. Als Bedingung können Sie prüfen lassen,

- ob Dateien oder Verzeichnisse existieren,
- ob Zeichenfolgen gleich sind, oder
- ob Beendigungscodes bestimmte Werte haben.

```
IF EXIST C:\TEXTE\*.SIK DEL *.SIK
```

prüft, ob im Verzeichnis C:\TEXTE Dateien mit der Erweiterung SIK vorhanden sind. Wenn ja, werden diese gelöscht.

```
IF NOT %PROMPT%==$P$G PROMPT $P$G
```

prüft, ob die Eingabeaufforderung (Umgebungsvariable PROMPT) den aktuellen Pfad und ein Größer-Zeichen zeigt. Wenn nicht, wird die Eingabeaufforderung entsprechend festgelegt.

```
IF %1==%2 IF NOT %2==%3 GOTO WEITER
...
:WEITER
```

prüft, ob der erste nach dem Programmnamen eingegebene Parameter mit dem zweiten identisch ist und dieser *nicht* mit dem dritten. Dann ist die Bedingung wahr, und das Programm springt an die Stelle WEITER.

Allgemein gehorchen die Abfragen der Syntax:

IF [NOT] EXIST *Dateiname Befehl*
IF [NOT] *Zeichenfolge1==Zeichenfolge2 Befehl*
IF [NOT] ERRORLEVEL *Zahl Befehl*

Zu jeder Bedingung können Sie auch mit NOT ihre Verneinung eingeben. *Befehl* steht hier jeweils für einen nachfolgenden Befehl in der Befehlszeile, z.B. einen Sprungbefehl mit GOTO. Sie können mehrere IF-Befehle in einer Zeile als UND-Verknüpfung kombinieren und damit gleichzeitig mehrere Bedingungen abfragen.

Die Abfrage von Beendigungscodes behandeln wir im nächsten Rezept. Umfangreichere IF-Befehlsketten finden Sie dort und auch unter dem Stichwort „Fehlermeldungen" in diesem Kapitel.

Wie ist es ausgegangen?

6-3 Beendigungscodes

Im letzten Rezept haben Sie angedeutet, daß man den Inhalt eines bestimmten Speicherregisters als Beendigungscode (Errorlevel) abrufen und damit ein Stapelprogramm steuern kann. Welche Programme bzw. DOS-Befehle verwenden denn Beendigungscodes, und wie kombiniere ich diese mit IF-Befehlen?

Beendigungscodes werden von den folgenden DOS-Befehlen ausgegeben: DELTREE, DISKCOMP, DISKCOPY, FORMAT, MOVE, SETVER, XCOPY und dem Abfragebefehl CHOICE. Der Wert hängt davon ab, ob der Befehl erfolgreich ausgeführt wurde oder ein Fehler aufgetreten ist. Die Tabellen im Anhang zeigen alle möglichen Werte und die Bedeutung für die einzelnen Befehle. Sie können die Codes abrufen und mit dem abgelesenen Wert ein Stapelprogramm steuern und so z.B. unterschiedliche Meldungen ausgeben lassen.

Ein Beispiel für die Verwendung von Beendigungscodes:

```
@ECHO OFF
XCOPY . A:
IF ERRORLEVEL 5 GOTO LEVEL5
IF ERRORLEVEL 4 GOTO LEVEL4
IF ERRORLEVEL 2 GOTO LEVEL2
IF ERRORLEVEL 1 GOTO LEVEL1
ECHO Herzlichen Glückwunsch! Dateien fehlerfrei kopiert!
GOTO ENDE
:LEVEL1
ECHO Sinnlos! Keine Datei zum Kopieren vorhanden!
GOTO ENDE
:LEVEL2
ECHO Sie haben den Kopiervorgang abgebrochen!
GOTO ENDE
:LEVEL4
ECHO Initialisierungsfehler! Keine Dateien kopiert!
GOTO ENDE
:LEVEL5
ECHO Schreibfehler bei Zieldatei!
:ENDE
```

Wenn Sie Beendigungscodes abrufen, sollten Sie immer den höchsten Wert zuerst abfragen, da die Bedingung IF ERRORLEVEL 1 immer dann wahr ist, wenn der Beendigungscode 1 oder ein größerer Wert ist! Viel umständlicher ist es, höhere Errorlevel mit nachfolgenden verneinten Abfragen auszuschließen:

```
IF ERRORLEVEL 1 IF NOT ERRORLEVEL 2 GOTO LEVEL 1
IF ERRORLEVEL 2 IF NOT ERRORLEVEL 3 GOTO LEVEL2
```

Wenn nichts mehr geht

6-4 Hilfefunktionen programmieren

Ich möchte dem Benutzer meiner Stapelprogramme eine Hilfefunktion anbieten, vergleichbar dem Parameter /? bei DOS-Befehlen. Wie kann ich dies angehen?

Sie können die IF-Fallunterscheidungen benutzen, um richtige Programmaufrufe von Hilfegesuchen zu unterscheiden. Fragen Sie dazu die Startparameter ab. Wenn ein Fragezeichen oder gar kein Parameter eingegeben wurde, können Sie eigene Meldungen einblenden.

```
@ECHO OFF
IF "%1"=="" GOTO FEHLER
IF "%1"=="/?" GOTO FEHLER
...
:FEHLER
ECHO Verwenden Sie folgende Optionen und Parameter:
....
```

zeigt immer dann, wenn kein Parameter oder das Fragezeichen eingegeben wurde, die Fehlermeldung »Verwenden Sie ...« und beliebig viele weitere Zeilen.

Sie können auf diese Weise auch die DOS-Hilfe ergänzen, die immer nur einspringt, wenn der Parameter /? eingegeben wurde. Das folgende Programm FORMAT.BAT erweitert die Hilfe zum FORMAT-Befehl, wobei FORMAT.EXE in FT.EXE umbenannt worden ist:

```
IF "%1"=="" FT /?
IF "%1"=="/?" FT /?
FT %1 %2 %3 %4 %5
```

Der Benutzer ruft den Formatierbefehl weiterhin mit FORMAT auf, startet aber das Programm FORMAT.BAT.

Alles hat seine Ordung

6-5 Unterprogramme verwenden

Ich möchte ein Stapelprogramm schreiben und in Unterprogramme gliedern. Wie kann ich Unterprogramme in Stapelprogrammen verwenden?

Sie können neben dem bei der Fallunterscheidung beschriebenen Sprungbefehl zwei Möglichkeiten nutzen, um ein Programm in Unterprogramme zu gliedern:

- bei einer Art kehren Sie zum Hauptprogramm zurück,
- bei der anderen nicht.

Bei beiden Möglichkeiten können Sie Parameter übergeben, die Sie beim Starten des ersten Programms festgelegt haben.

Gliederungsfunktion	COM- oder EXE-Dateien	BAT-Dateien
Aufruf über *Dateiname*	DOS führt aus und kehrt zurück	DOS führt aus und kehrt nicht zurück
Aufruf über CALL *Dateiname*	DOS führt aus und kehrt zurück	DOS führt aus und kehrt zurück

Tabelle 6.1: Unterschiede im Programmaufruf

Tabelle 6.1 zeigt, bei welchen Befehlen und Programmdateien DOS zum rufenden Stapelprogramm zurückkehrt und bei welchen nicht.

- Kehrt DOS nicht zurück, heißt dies, daß Sie nach dem Ausführen des gerufenen Programms wieder die Eingabeaufforderung sehen.
- Kehrt DOS zum rufenden Programm zurück, wird dort die nächste Zeile nach dem Programmaufruf abgearbeitet usw.

Das folgende Listing zeigt ein Beispiel (als Programm KOPIE.BAT) zum Aufrufen eines Stapelprogramms aus einem anderen Stapelprogramm.

```
@ECHO OFF
REM DIES IST EIN PROGRAMM ZUM KOPIEREN VON DATEIEN MIT XCOPY
ECHO ACHTUNG! FALLS NICHT GENÜGEND FREIER SPEICHERPLATZ AUF DEM
ECHO ZIELDATENTRÄGER IST, WIRD DIESER MIT DEM PROGRAMM FORMT.BAT
ECHO FORMATIERT! TASTEN SIE STRG-C,
ECHO UM DAS PROGRAMM NOCH ABZUBRECHEN!
PAUSE
XCOPY %1 %2
IF ERRORLEVEL=4 IF NOT ERRORLEVEL=5 CALL FORMT
XCOPY %1 %2
```

Wer die Wahl hat, ...

6-6 Benutzereingaben

Wie kann ich in Stapelprogrammen über Eingaben den Programmablauf aktiv beeinflussen?

Seit der Version MS-DOS 6.0 können Sie in einem Programm auch zu Benutzereingaben auffordern. Diese Eingaben steuern den weiteren Verlauf des Programms, indem Sie mit Beendigungscodes zu Verzweigungen oder Unterprogrammen führen. Der zugehörige Befehl heißt CHOICE (engl. für »Wahl«).

Das Programm KURZMENÜ.BAT ist ein Beispiel für ein Programm, das den CHOICE-Befehl benutzt.

```
@ECHO OFF
REM PROGRAMM ZUM AUSWÄHLEN DES ZU STARTENDEN PROGRAMMS DURCH
DEN BENUTZER
CHOICE /C:MEDQ MULTIPLAN, EXCEL, DBASE STARTEN ODER MENÜ VERLASSEN?
IF ERRORLEVEL=4 GOTO ENDE
IF ERRORLEVEL=3 DBASE
IF ERRORLEVEL=2 WIN EXCEL
MP
:ENDE
```

Die Wahl des Benutzers setzt einen bestimmten Beendigungscode, der mit dem Befehl IF ERRORLEVEL abgefragt werden kann und den weiteren Programmverlauf steuert. Das Drücken einer falschen Taste erzeugt einen Piepton, die Eingabeaufforderung bleibt bestehen.

CHOICE gehorcht der folgenden Syntax:

CHOICE [/C[:]*Wahl*] [/N] [/S] [/T[:]*w,nn*] [*Text*]

Dabei bezeichnet

- *Wahl* diejenigen Tasten, die dem Benutzer zur Auswahl angeboten werden,
- /N, daß diese Wahlmöglichkeiten am Ende des Auswahltextes mit einem Fragezeichen angezeigt werden,
- /S die Unterscheidung von Klein- und Großbuchstaben,
- /T[:]*w,nn* eine Standardeingabe *w*, die nach *nn* Sekunden gewählt wird, wenn der Benutzer nicht vorher gewählt hat,
- *Text* einen beliebigen Text, mit dem Sie dem Benutzer die Wahl erläutern.

Menüs - Do it yourself

6-7 Menüführung für Benutzer

Kann ich in Stapelprogrammen eine attraktive Menüführung für den Benutzer programmieren?

Der im vorhergehenden Rezept vorgestellte Befehl CHOICE ermöglicht, Benutzereingaben in Stapelprogrammen abzufragen. Damit ist eine Auswahl aus einem Menü möglich. Mit dem Befehl ECHO können Sie zusätzlich mehrzeilige Menüs auf dem Bildschirm darstellen. Die Bilder 6.1 und 6.2 zeigen Ihnen ein einfaches Menü als Programmcode und im Programmablauf.

In Stapelprogrammen haben Sie kaum Möglichkeiten, Menüs grafisch darzustellen. Die Auswahl eines Menüpunktes mit der Maus oder mit den Richtungstasten ist nicht möglich. Für diese Zwecke müssen Sie in höheren Sprachen wie z.B. Pascal oder C programmieren.

```
C:\>type menü.bat
@echo off
rem Programm zur Darstellung eines Menüs
cls
echo.
echo        ********************** M E N Ü *********************
echo.
echo.
echo.
echo        [1] Arbeiten mit Multiplan
echo.
echo        [2] Arbeiten mit Excel (unter Windows)
echo.
echo        [3] Arbeiten mit dBase
echo.
echo        [0] Menü verlassen
echo.
choice /c:1230 Wofür entscheiden Sie sich
if errorlevel=4 goto ENDE
if errorlevel=3 dbase
if errorlevel=2 win excel
mp
:ENDE
```

Bild 6.1: Einfaches Menü aus Stapelbefehlen

```
*************************** M E N Ü ***************************


   [1] Arbeiten mit Multiplan

   [2] Arbeiten mit Excel (unter Windows)

   [3] Arbeiten mit dBase

   [0] Menü verlassen

Wofür entscheiden Sie sich [1,2,3,0]?
```

Bild 6.2: Ausführen des Menüprogramms

Farbe ins Bild bringen

6-8 ANSI-Escape-Befehle

Ich möchte meine mit Stapelprogrammen erstellten Menüs etwas „aufpeppen“. Kann ich die Darstellung von Zeichen auf dem Bildschirm verändern, z.B. Zeichen farbig oder fett darstellen?

Mit Hilfe des Gerätetreibers ANSI.SYS und sog. ANSI-Escape-Zeichenfolgen läßt sich die Datenausgabe auf dem Bildschirm optisch verändern. Den Treiber ANSI.SYS müssen Sie mit einem DEVICE- oder DEVICEHIGH-Befehl in der CONFIG.SYS installieren, bevor Sie Veränderungen vornehmen können (siehe Kapitel 7).

ANSI-Escape-Zeichenfolgen sind Befehle, die in Verbindung mit einem PROMPT oder ECHO-Befehl die nachfolgenden Zeichen fett, farblich verändert, invertiert o.a. darstellen. In Kapitel 8 stellen wir ANSI-Escape-Folgen in Zusammenhang mit der Tastenbelegung vor. ANSI-Escape-Zeichenfolgen werden wirksam, indem man sie

- mit PROMPT eingibt,
- in einer Stapeldatei ausführt
- oder als Textdatei auf dem Bildschirm darstellt.

Wir wollen hier nur auf Stapelprogramme eingehen.

Zu Beginn einer ANSI-Escape-Folge steht das Escape-Zeichen (ASCII-Zeichen 27). Sie können dieses Zeichen nicht direkt eingeben. Mit dem MS-DOS Editor erhalten Sie es durch die Tastenkombination [Strg]-[P]-[Esc], mit MS Word durch die Tastenkombination [Alt]-[2][7]. Anschließend geben Sie die eckige Klammer »[« und den gewünschten Code ein. Das folgende Bild zeigt das Menü aus dem vorhergehenden Rezept mit ANSI-Escape-Befehlen zur optischen Verbesserung. Probieren Sie's aus!

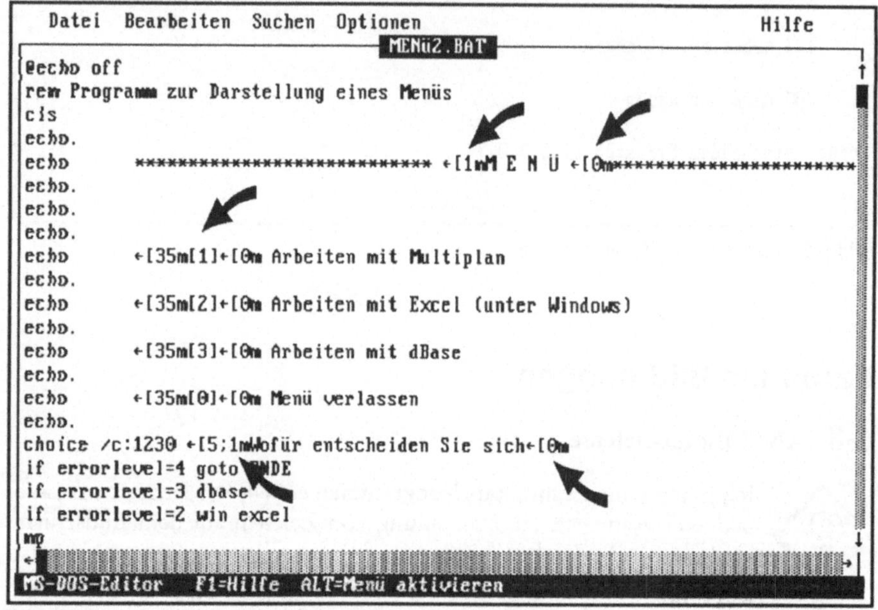
```
Datei Bearbeiten Suchen Optionen                                  Hilfe
                              MENÜ2.BAT
@echo off
rem Programm zur Darstellung eines Menüs
cls
echo.
echo       ************************** ←[1mM E N Ü ←[0m**********************
echo.
echo.
echo.
echo       ←[35m[1]←[0m Arbeiten mit Multiplan
echo.
echo       ←[35m[2]←[0m Arbeiten mit Excel (unter Windows)
echo.
echo       ←[35m[3]←[0m Arbeiten mit dBase
echo.
echo       ←[35m[0]←[0m Menü verlassen
echo.
choice /c:1230 ←[5;1mWofür entscheiden Sie sich←[0m
if errorlevel=4 goto ENDE
if errorlevel=3 dbase
if errorlevel=2 win excel
mp
MS-DOS-Editor  F1=Hilfe  ALT=Menü aktivieren
```

Bild 6.3: Menüprogramm mit kleinen optischen Verbesserungen

Die Tabelle im Anhang A zeigt alle möglichen Escape-Befehle zur Zeichendarstellung.

Schwarz auf weiß

6-9 Vorteile inverser Zeichendarstellung

Ich arbeite an einem System mit LCD-Bildschirm (Laptop, Notebook). Die Darstellung von Zeichen unter der Prompt-Oberfläche ist dabei sehr schlecht. Kann ich, wie z.B. beim Editor, die Farbdarstellung umkehren und schwarze Schrift auf weißem Grund erreichen?

Wie schon im Rezept 6-8 gezeigt, können Sie mit sog. ANSI-Escape-Befehlen die Farbdarstellung unter der Prompt-Oberfläche ändern. In Ihrem Fall schlagen wir vor, die Farbeinstellung mit der Prompt-Meldung zusammen festzulegen. Für eine inverse Darstellung (schwarze Schrift auf weißem Grund) geben Sie ein:

```
PROMPT $E[7M$P$G
CLS
```

wobei die Zeichen PG für eine Eingabeaufforderung mit aktuellem Pfad und Zeichen »>« sorgen (siehe auch Rezept 7-15). Der Befehl CLS löscht den Bildschirm und macht die inverse Darstellung sofort wirksam. Die gleiche Wirkung wie das Beispiel oben hat der Befehl

```
PROMPT $E[47;30M$P$G
CLS
```

Die ANSI-Escape-Tabelle im Anhang zeigt die verschiedenen Codes für die Bildschirmfarben.

Falls Sie die inverse Darstellung bei jeder Arbeitssitzung von Anfang an benötigen, sollten Sie diese Befehlszeilen in die AUTOEXEC.BAT einfügen. Nach ersten weiß-auf-schwarz-Systemmeldungen arbeiten Sie dann von Anfang an schwarz-auf-weiß.

Sie können die inverse Darstellung auch nutzen, um Ihren Kathodenstrahl-Monitor zu testen. Vor dem weißen Hintergrund sehen Sie an leichten Helligkeitsunterschieden, wo der Bildschirm durch „Einbrennen" in Mitleidenschaft gezogen ist.

Füttern erlaubt

6-10 Parameter verwenden

Ich möchte ein Stapelprogramm mit wechselnden Parametern aufrufen. Wie geht das?

Sie können in Stapelprogramme Parameter einbauen, die Sie mit %0 bis %9 bezeichnen müssen. Beim Ausführen des Programms erhalten diese Parameter nacheinander die Werte, die in der Befehlszeile hinter dem Programmnamen eingegeben werden. Die einzelnen Parameter trennen Sie in der Befehlszeile mit Leerzeichen.

Das folgende Programm LÖSCH.BAT löscht z.B. bis zu drei Dateien aus dem aktuellen Verzeichnis, die in der Befehlszeile hinter dem Programmnamen LÖSCH eingegeben wurden.

```
@ECHO OFF
REM PROGRAMM ZUM LÖSCHEN VON BIS ZU DREI DATEIEN
ECHO %1 WIRD GELÖSCHT!
ATTRIB %1 -R
DEL %1
ECHO %2 WIRD GELÖSCHT!
ATTRIB %2 -R
DEL %2
ECHO %3 WIRD GELÖSCHT!
ATTRIB %3 -R
DEL %3
```

Sie können nicht mehr als 10 Variablen gleichzeitig verwenden. Falls Sie jedoch nacheinander mehr als 10 Variablen verwenden wollen, müssen Sie zwischendurch Variablen umsortieren. Dies geschieht mit dem Befehl SHIFT. Nachdem DOS einmal den SHIFT-Befehl ausgeführt hat, hat die Variable %0 den Wert von %1, %1 den Wert von %2, ... und %9 den Wert, der als elfter Parameter in der Befehlszeile eingegeben wurde.

Mit Hilfe von SHIFT können Sie auch eine verbesserte Version des Programms LÖSCH schreiben, die beliebig viele Dateien löscht. Der folgende Programmtext zeigt diese Verbesserung.

```
@ECHO OFF
REM PROGRAMM ZUM LÖSCHEN BELIEBIG VIELER DATEIEN
:ANFANG
IF "%1"=="" GOTO ENDE
```

```
ECHO %1 WIRD GELÖSCHT!
ATTRIB %1 -R
DEL %1
SHIFT
GOTO ANFANG
:ENDE
```

Außer den Variablen %0 bis %9, die beim Programmaufruf definiert werden, können Sie auch Umgebungsvariablen von DOS in Stapelprogrammen verwenden. Diese können Sie mit dem Prompt-Befehl

SET ***Variable=Wert***

selber einrichten. Sie können aber auch die bestehenden DOS-Umgebungsvariablen wie z.B. PATH verwenden. Wenn Sie Umgebungsvariablen in Stapelprogrammen einbauen, müssen Sie sie zwischen Prozentzeichen setzen (z.B. %PATH%). Die Zeile

```
PATH %PATH%,C:\DOSSTAND\WORD
```

in einem Stapelprogramm würde den bestehenden Suchpfad um den Pfad C:\DOSSTAND\WORD ergänzen (siehe auch Rezept 2-2).

Zeit zum Erholen

6-11 Pausen im Programmablauf

Ich verwende gerne den Pause-Befehl von DOS, um Benutzern Zeit für verschiedene Dinge zu geben (Disketten einlegen, Text lesen etc.). Der PAUSE-Befehl erlaubt mir zwar bei eingeschaltetem Befehlsecho, einen eigenen Text einzugeben, zeigt aber immer seine langweilige Meldung »Eine beliebige Taste drücken, um fortzusetzen«. Wie kann ich dies ändern?

Sie können die Pause-Meldung von DOS unterdrücken bzw. an den „Mülleimer“ der Systems NUL schicken. Mit ECHO-Befehlen können Sie dem Benutzer auch bei ausgeschaltetem Befehlsecho vorher die gewünschten Anweisungen geben.

Das folgende Bild zeigt ein Beispielprogramm mit selbstgestalteter Pause-Meldung und das Ergebnis bei der Ausführung.

```
C:\>type warten.bat
@echo off
rem Demo-Programm für den geschickten PAUSE-Befehl
echo Dies ist eine selbstverfaßte Pause-Meldung!
echo Drücken Sie eine Taste, wenn Sie bereit sind!
pause > nul
echo Sehen Sie, so leicht ist das!

C:\>warten
Dies ist eine selbstverfaßte Pause-Meldung!
Drücken Sie eine Taste, wenn Sie bereit sind!
```

Bild 6.4: Programmcode und Ausführung für eine selbstgestaltete Pause-Meldung

7 Hohe Schule der Konfiguration

Ich will alles!

7-1 Speicherbereiche und -begriffe

Die 640 KByte RAM, die DOS ohne besondere Parameter zur Verfügung stellt, sind reichlich wenig. Wie kann ich meine 16 MByte RAM auch unter DOS nutzen?

Unter DOS ist der Arbeitsspeicher RAM (»Random Access Memory« für »Schreib-Lese-Speicher«) unterteilt. Die Begriffe »konventioneller Speicher«, »Hoher Speicher UMB«, »Erweiterungsspeicher«, »Expansionsspeicher« und »HMA Oberer Speicherbereich« bezeichnen einzelne Bereiche des Arbeitsspeichers, die unter DOS und Windows unter bestimmten Bedingungen genutzt werden können. Die folgende Grafik zeigt die übliche Speicheraufteilung von Systemen mit mehr als 1 MByte RAM:

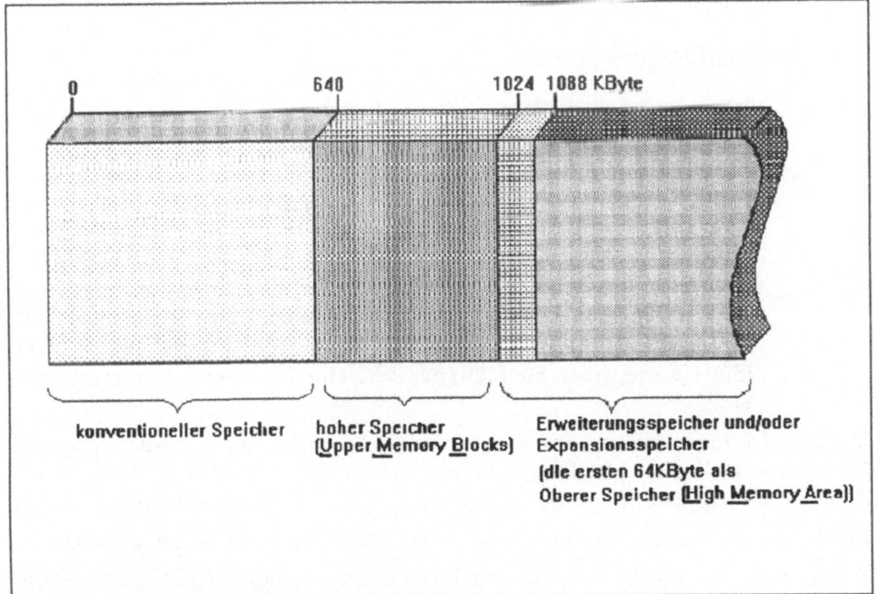

Bild 7.1: Speicheraufteilung bei mehr als 1 MByte RAM

Der konventionelle Speicher ist unter DOS und Windows ohne besondere Treiber verfügbar. Der Erweiterungsspeicher kann von Anwendungsprogrammen meist nicht ohne weiteres genutzt werden. Der Treiber HIMEM macht Erweiterungsspeicher für alle DOS- und Windows-Anwendungen gemäß dem Standard XMS (Extended Memory Specification) verfügbar.

Expansionsspeicher kann nur mit speziellen Treibern genutzt werden, die mit dem Speicher mitgeliefert werden. Falls Sie über ein System mit 386er Prozessor oder höher verfügen, können Sie Expansionsspeicher gemäß dem EMS-Standard (Expanded Memory Specification) jedoch mit dem Treiber EMM386 „umwandeln". Anwendungen können auf die mit EMM386 umgewandelten Teile des Erweiterungsspeichers ebenso zugreifen wie auf „richtigen" Expansionsspeicher. Falls Sie Expansionsspeicher nur unter Windows benutzen, brauchen Sie ihn nicht unter DOS zu installieren, da Windows selber Expansionsspeicher schafft.

Mit dem Treiber EMM386 machen Sie außerdem die Hohen Speicherblöcke verfügbar, in die Sie zum Beispiel DOS-Treiber und speicherresidente Programme laden können. Vor MS-DOS Version 5 konnten die Upper Memory Blocks nur von der Systemhardware z.B. als Bildschirmspeicher genutzt werden.

Näheres zum Verwenden der Speichertreiber und Nutzen der Speicherbereiche lesen Sie in den nächsten Rezepten.

Was ist da drin?

7-2 Speicherbelegung ansehen

Ich verwende viele DOS-Gerätetreiber und speicherresidente Programme (TRS-Programme für „terminate and stay resident") und möchte den Arbeitsspeicher meines Systems möglichst gut ausnutzen oder eine neue Karte installieren. Wie kann ich die Speicherverwendung ansehen?

Unter der Prompt-Oberfläche von DOS können Sie den Befehl MEM (für »Memory«, »Speicher«) verwenden, um sich die Belegung der verschiedenen Speicherbereiche und den noch freien Speicher anzusehen. Sie benötigen diesen Befehl z.B., wenn Sie eine neue Karte wie eine ISDN-Karte, einen Soundblaster oder eine Netzwerkkarte installieren wollen.

Mit MEM können Sie sich ansehen, wo wieviel Speicher für Treiberprogramme frei ist oder wo Treiber gleiche Adreßbereiche verwenden. In Rezept 7-5 zeigen wir Ihnen außerdem, wie Sie gezielt bestimmte Speicherbereiche ausblenden.

Mit Parametern können Sie die Ausgabe von MEM Ihren Wünschen anpassen:

- /C zeigt an, welche Treiber und Programme wieviel Speicher in welchem Speicherbereich belegen. Der freie Speicher wird ebenfalls angezeigt.

- /D zeigt genauere Daten zur Speicherverwendung, z.B. welche Module unter welcher Adresse im Speicher abgelegt sind. Auch dic freien Speicherplätze werden genau aufgelistet.
- /F zeigt an, unter welcher Adresse bzw. in welcher Speicherregion freier Speicher verfügbar ist.
- /M *Modul* zeigt an, an welchen Adressen das Modul *Modul* gespeichert ist.

/P zeigt die Informationen zu oben genannten Parametern bildschirmseitenweise an, nach jeweils 23 Zeilen verlangt DOS einen Tastendruck, um die nächsten 23 Zeilen anzuzeigen.

```
Module, die den Speicher unterhalb 1 MB verwenden:

  Name       Insgesamt       = Konventioneller   +  Hoher Speicher
------- ----------------    ----------------      ---------------
MSDOS       16301    (16K)      16301    (16K)          0     (0K)
HIMEM        1168     (1K)       1168     (1K)          0     (0K)
EMM386       3136     (3K)       3136     (3K)          0     (0K)
COMMAND      3360     (3K)       3360     (3K)          0     (0K)
ANSI         4208     (4K)          0     (0K)       4208     (4K)
SETVER        848     (1K)          0     (0K)        848     (1K)
KEYB         6224     (6K)          0     (0K)       6224     (6K)
MOUSE       17088    (17K)          0     (0K)      17088    (17K)
DOSKEY       4160     (4K)          0     (0K)       4160     (4K)
Frei       758800   (741K)     628752   (614K)     130048   (127K)

Speicher Zusammenfassung:
Speichertyp       Insgesamt     =      Verwendet       +        Frei
-----------  --------------       ------------      ------------
Konventionell  360    (640K)     26608      (26K)   628752  (614K)
Hoher       191392    (187K)     61344      (60K)   130048  (127K)
RAM/ROM     393216    (384K)    393216     (384K)        0    (0K)
Eine beliebige Taste drücken, um fortzusetzen
```

Bild 7.2: Erste Seite der Speicherbelegung zu MEM /C /P

Im nächsten Bild sehen Sie, welche Speicherbereiche das Modul NE2000, d.h eine Netzwerkkarte, belegt:

```
C:\>mem /m ne2000
NE2000 verwendet folgenden Speicher:
Segment  Region        Insgesamt              Typ
-------  ------    ----------------     -------------
00253      1        9136      (9K)     Gerät=NE2000
                   ----------------
Insgesamte Größe:   9136      (9K)

C:\>
```

Bild 7.3: Ansehen eines bestimmten Speicherbereiches

Dachboden aufräumen

7-3 Speicherbereiche aktivieren

Alle meine DOS-Treiber und speicherresidenten Programme habe ich „aus Tradition“ im konventionellen Speicher installiert, und die Upper Memory Blocks sind ungenutzt. Wie kann ich diesen Speicherbereich in meinem 386er-System besser ausnutzen?

Die Upper Memory Blocks UMB können Sie nach der Installation von EMM386 nutzen, welcher wiederum die Installation von HIMEM voraussetzt. Anschließend müssen Sie mit dem Befehl DOS=UMB eine Verbindung zwischen DOS und diesem Speicherbereich schaffen. Alle drei Befehle müssen in der CONFIG.SYS stehen, wobei HIMEM vor EMM386 stehen muß. Der folgende Auszug aus der CONFIG.SYS zeigt die Verwendung von HIMEM, EMM386 und DOS:

DEVICE=C:\DOS\HIMEM.SYS
DEVICE=C:\DOS\EMM386.EXE
DOS=HIGH,UMB

Während zu dem Treiber HIMEM keine Parameter möglich sind, können Sie EMM386 nach der Syntax

DEVICE=C:\DOS\EMM386.EXE [RAM [*Größe*]] [NOEMS]

verwenden. Der Parameter RAM [*Größe*] gibt an, daß EMS-Speicher der Größe *Größe* in KByte emuliert wird, NOEMS emuliert keinen EMS-Speicher. In beiden Fällen werden die Upper Memory Blocks (UMB) verfügbar. In Rezept 7-5 zeigen wir Ihnen, wie Sie bei Speicherkollisionen einzelne Bereiche für Programme ausblenden.

Die Zeile DOS=HIGH,UMB schafft eine Verbindung zwischen Upper Memory Blocks und DOS, so daß Treiber und Programme diesen Speicher nutzen können (Parameter »UMB«). Der Parameter »HIGH« lädt Teile von DOS in den Oberen Speicherbereich (High Memory Area HMA), der ansonsten meist ungenutzt bleibt. Beide Parameter können unabhängig voneinander genutzt werden.

Falls Sie bestimmte TSR-Programme wieder aus dem Speicher rauswerfen wollen, können Sie in den seltensten Fällen diese Programme oder DOS dazu verwenden. Helfen Sie sich durch einen Warmstart Ihres Systems mit [Strg]-[Alt]-[Entf] oder mit TSR-Verwaltungsprogrammen, wie es sie als Shareware oder in Tool-Paketen gibt.

Alle Kapazitäten nutzen

7-4 Programme in bestimmte Speicherbereiche laden

Ich habe alle Voraussetzungen geschaffen, um den Hohen Speicherbereich (Upper Memory Blocks UMB) zu nutzen. Wie schiebe ich nun gezielt Programme da hinein?

DOS kennt die Befehle DEVICEHIGH (nur in der CONFIG.SYS) und LOADHIGH (in der AUTOEXEC.BAT und nach dem Prompt), um Programme und Treiber in den Hohen Speicher zu laden.

Der Befehl DEVICEHIGH wird innerhalb der CONFIG.SYS für Treiberdateien benutzt. Geben Sie die folgenden Zeilen hinter den DEVICE-Befehlen für HIMEM und EMM386 an:

```
DEVICEHIGH=C:\DOS\MOUSE.SYS
DEVICEHIGH=C:\DOS\SETVER.EXE
DEVICEHIGH=C:\ANSI.SYS
```

```
Module, die den Speicher unterhalb 1 MB verwenden:

Name      Insgesamt    = Konventioneller   + Hoher Speicher
-------  ----------    ----------------      ---------------
MSDOS     6301   (16K)    16301   (16K)          0     (0K)
HIMEM     1168    (1K)     1168    (1K)          0     (0K)
EMM386    3136    (3K)     3136    (3K)          0     (0K)
COMMAND   3360    (3K)     3360    (3K)          0     (0K)
ANSI      4208    (4K)        0    (0K)       4208     (4K)
SETVER     848    (1K)        0    (0K)        848     (1K)
KEYB      6224    (6K)        0    (0K)       6224     (6K)
MOUSE    17088   (17K)        0    (0K)      17088    (17K)
DOSKEY    4160    (4K)        0    (0K)       4160     (4K)
Frei    758800  (741K)   628752  (614K)     130048   (127K)

Speicher-Zusammenfassung:

Speichertyp    Insgesamt     =     Verwendet    +     Frei
------------- ----------       ------------        -------
Konventionell 360  (640K)       26608    (26K)  628752 (614K)
Hoher       191392 (187K)       61344    (60K)  130048 (127K)
RAM/ROM     393216  (384K)   393216  (384K)         0    (0K)
Eine beliebige Taste drücken, um fortzusetzen
```

Bild 7.4: Speicherbelegung mit mehreren Programmen im Hohen Speicher

Den Befehl LOADHIGH benutzen Sie in der AUTOEXEC.BAT oder nach der DOS-Eingabeaufforderung. Sie können damit speicherresidente Programme (TSR-Programme) in den Hohen Speicherbereich laden. Sie können LOADHIGH z.B. mit den DOS-Programmen DOSKEY oder FASTOPEN verwenden, indem Sie den Begriff »LOADHIGH« vor der Programmdatei eingeben, wie im folgenden Beispiel gezeigt:

LOADHIGH DOSKEY

Mit dem Befehl MEM /C (siehe oben) können Sie die Benutzung des Hohen Speicherbereichs überprüfen. Das Bild 7.4 zeigt die Ausgabe von MEM /C nach den vier Beispielen dieses Rezeptes: Die Treiber MOUSE.SYS, SETVER.EXE und ANSI.SYS sowie DOSKEY stehen dort in der Spalte »Hoher Speicher«.

Speicher für egoistische Programme

7-5 Speicher für Egoisten

Nachdem ich in meinem System eine neue Steckkarte für ISDN, Soundblaster, Netzwerk o.ä. installiert und die zugehörigen Treiberprogramme in den Hohen Speicherbereich verschoben habe, zeigt DOS beim Booten in diesen Zeilen Fehlermeldungen, und die Geräte werden nicht angesprochen. Wie kann ich mir helfen?

Nicht alle Treiberprogramme vertragen sich mit allen Speicherbereichen bzw. erkennen richtig, welcher Speicherbereich für sie bestimmt ist. Dadurch kann es zu Konflikten zwischen einzelnen Treibern kommen, wie wir es z.B. schon zwischen dem DTP-Programm Ventura Publisher 4.1.1 und der ISDN-Software TELES S0 erlebt haben.

Sie können dieses Problem manchmal umgehen, indem Sie bestimmte Speicherbereiche im Erweiterungsspeicher für Treiber und Programme sperren bzw. ausblenden. DOS tut dann so, als gäbe es diesen Bereich nicht und lädt entsprechend keine weiteren Daten hinein. Sie geben diesen Befehl als Parameter beim Aufrufen des Treibers EMM386 in der CONFIG.SYS ein.

Die folgende Zeile einer CONFIG.SYS würde den Erweiterungsspeicher-Treiber EMM386 laden, keinen Expansionsspeicher laden und den Adreßbereich C800 bis C8FF (hexadezimal) für die Benutuzung sperren:

DEVICE=C:\DOS\EMM386.EXE /noems x=c800-c8ff

Der Bereich C800 bis C8FF ist Teil des konventionellen Speichers (siehe Rezepte 1-8 und 7-2). Ebenso können Sie aber auch Gebiete aus anderen Speicherbereichen ausblenden. Manche unsauber programmierten Anwendungen versuchen sich auch über diese Speichersperre hinwegzusetzen. Dies kann zu Konflikten führen.

Bis auf den letzten Tropfen

7-6 Speicheroptimierung mit MemMaker

Ich habe mit dem Diagnoseprogramm MSD entdeckt, daß sich im Arbeitsspeicher meines Systems mehrere ungenutzte Bereiche und belegte Bereiche abwechseln. Setzt das die Systemleistung herab? Kann ich den Speicher zusammenlegen, ohne vertiefte Systemkenntnisse zu haben?

Während eine zerstückelte Festplatte die Lesegeschwindigkeit für Dateien herabsetzt, verkleinert ein zerstückelter Arbeitsspeicher den Gesamtspeicher. Ein Grund dafür ist, daß manche Programme nur zusammenhängende Speicherbereiche nutzen können und damit Speicherfetzen unterhalb einer Mindestgröße nicht nutzen können.

Unter DOS können Sie jedoch den meisten Treibern und speicherresidenten Programmen die genaue Speicheradresse vorschreiben. Sie können auf diese Weise verhindern, daß ständig nur der größte freie Speicherbereich beschreiben wird und kleinere Bereiche ungenutzt bleiben. Die Angabe dieser Adressen von Hand in der Befehlszeile, der AUTOEXEC.BAT oder der CONFIG.SYS ist jedoch mühsam.

MS-DOS 6.0 beinhaltet das Speicheroptimierungsprogramm MemMaker. Dieses Programm überprüft die installierten TSR-Programme und Treiber sowie die belegten Speicherbereiche. Anschließend werden die Startbefehle für diese Programme so verändert, daß der Speicher optimal genutzt wird, d.h so wenig Lücken wie möglich verbleiben. Auf diese Weise haben Sie in der Regel nach der Optimierung mehr konventionellen Speicher und/oder hohen Speicher zur Verfügung.

Sichern Sie zuerst Ihre Startdateien und erstellen Sie eine Notstartdiskette. Starten Sie danach MemMaker durch Eingabe von

MEMMAKER [↵]

MemMaker bietet Ihnen jetzt eine vollautomatische oder eine benutzerdefinierte Optimierung. Bei der benutzerdefinierten Optimierung können Sie festlegen, daß Erweiterungs- oder Expansionsspeicher besonders berücksichtigt werden soll oder besonders viel Speicher für DOS-Anwendungen unter Windows zur Verfügung stehen soll. In Bild 7.5 sehen Sie einen Auswahlbildschirm für die benutzerdefinierte Optimierung.

MemMaker hinterläßt nach der Optimierung meistens ein stabiles System. Startet der Rechner nach der Optimierung nicht ordnungsgemäß, bemerkt MemMaker dies nach einem Neustart und zieht einzelne Änderungen solange zurück, bis eine stabile Konfiguration gefunden wurde.

```
Microsoft MemMaker

                          Weitere Optionen

Angeben der in der Optimierung berücksichtigten Treiber/TSR ?    Nein
Hohen Speicherbereich verstärkt durchsuchen?                     Ja
Optimierung des hohen Speicherbereichs für Windows?              Nein
Verwendung des Monochrombereichs (B000-B7FF) für Anwendungen?    Nein
Vorhandene EMM386-Speicheraus- und einschlüsse verwenden?        Ja
Verlegung des erweiterten BIOS-Datenbereichs in hohen Speicher?  Ja

Drücken Sie die NACH-OBEN oder NACH-UNTEN-TASTE, um eine andere
Option zu wählen. Drücken Sie die EINGABETASTE, um die Einstel-
lungen zu bestätigen.

EINGABETASTE=Bestätigen  LEERTASTE=Auswahl ändern  F1=Hilfe  F3=Beenden
```

Bild 7.5: Auswahlbildschirm von MemMaker

Fix in'n Keller

7-7 64 k-Bereich meiden

Nachdem ich verschiedene Treiber mit Hilfe von DEVICEHIGH in den Hohen Speicherbereich verschoben habe, zeigt DOS beim Ausführen mancher Anwendungen die Fehlermeldung »Komprimierte Datei fehlerhaft«. Wie laufen die Anwendungen wieder ordnungsgemäß ab?

Durch das Verschieben von Treibern in den Hohen Speicherbereich wird konventioneller Arbeitsspeicher freigegeben, unter anderem auch die ersten 64 KByte des Speichers. Nicht alle Anwendungen aber können diesen Speicherbereich richtig verwenden. Bei älteren DOS-Versionen schadete das nicht, da dieser Bereich von Treibern belegt war.

Unter MS-DOS Version 6 können Sie die Programme, die diese Fehlermeldung verursachen, mit dem Befehl LOADFIX laden. Geben Sie in der DOS-Befehlszeile den Begriff LOADFIX und anschließend den Programmdateinamen ein, um das Programm in den Speicher oberhalb der ersten 64 KByte zu laden.

Das folgende Beispiel lädt das Programm MEINPROG.EXE:

LOADFIX MEINPROG

Den Verzeichnispfad können Sie wie gewohnt vor dem Dateinamen eingeben, evtl. nötige Parameter nach dem Dateinamen.

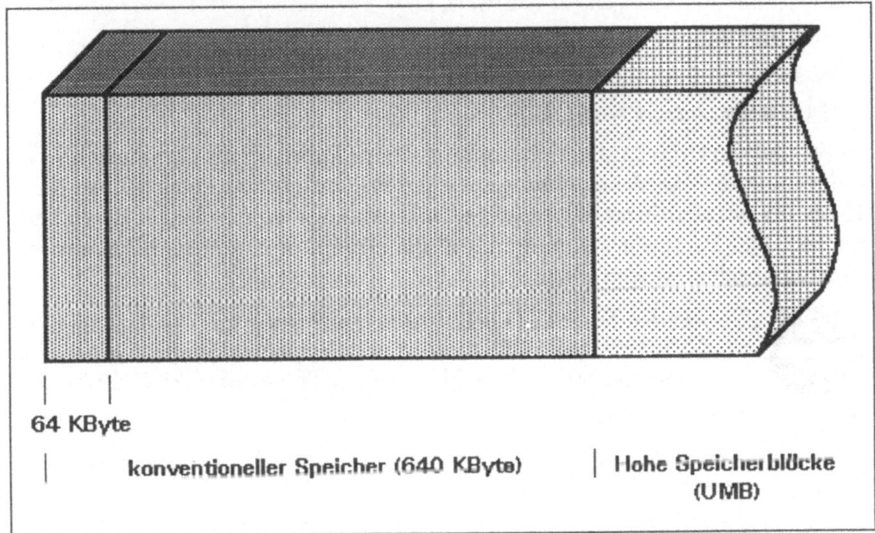

Bild 7.6: Grafik mit konventionellem Speicher und markierten 64 KByte

Schnell 'ran

7-8 FASTOPEN verwenden

Ich benutze Anwendungen, die häufig auf bestimmte Dateien zugreifen (z.B. Datenbank-Programme). Wie kann ich die Zusammenarbeit dieser Programme mit meiner Festplatte beschleunigen?

Beim Zugreifen auf eine Datei liest DOS normalerweise in der Dateizuordnungstabelle (File Allocation Table FAT), in welchen Spuren und Sektoren die einzelnen Dateiteile gespeichert sind und greift anschließend auf diese Bereiche zu. Mit dem Befehl FASTOPEN können Sie den Dateizugriff erheblich beschleunigen.

FASTOPEN speichert die Datei-Informationen einer einmal geöffneten Datei im viel schnelleren Arbeitsspeicher, so daß bei einem erneuten Dateizugriff DOS die Sektor- und Spurinformationen aus dem schnellen RAM liest und direkt auf die

Datei zugreift. FASTOPEN benötigt für die Informationen je Datei 48 Byte konventionellen oder Expansionsspeicher. Das Programm selber kann im Hohen Speicherbereich abgelegt werden.

Das folgende Beispiel installiert FASTOPEN mit maximal 40 Einträgen für Laufwerk C: und 30 Einträgen für Laufwerk D:

FASTOPEN C:=40 D:=30 /X

Verwenden Sie FASTOPEN nach folgender Syntax:

FASTOPEN ***Laufwerk:*****[[=]*****n*****] [...] [/X]**

wobei *Laufwerk:* das Laufwerk bezeichnet, dessen Dateizugriffe überwacht werden sollen und *n* die Zahl der maximal gespeicherten Dateiinformationen (gültige Werte 10 bis 999, Standardwert 48), mehrere Laufwerksangaben trennen Sie durch Leerzeichen. Der Parameter /X gibt an, daß die Dateiinformationen im Expansionsspeicher abgelegt werden sollen.

Verwenden Sie FASTOPEN nicht zusammen mit den Befehlen ASSIGN, JOIN oder SUBST, nicht mit Festplattenkomprimierungsprogrammen oder auf Netzwerklaufwerken! Starten Sie FASTOPEN nicht von der DOS Shell aus!

Schnell rein und raus

7-9 Festplattenpuffer (Cache)

Bei der Arbeit mit Programmen muß ich häufig darauf warten, daß Daten auf die Festplatten geschrieben oder von dort gelesen werden. Kann DOS diese Daten auch zwischenspeichern?

Zum Zwischenspeichern können Sie ein sog. Cache-Programm verwenden, das häufig benötigte Daten im schnelleren Arbeitsspeicher ablegt und nur im Fall einer Veränderung zurückspeichert. DOS beinhaltet das Cache-Programm SMARTDRV, das zum Speichern den Erweiterungsspeicher Ihres Systems benutzt. Die Programmdatei wird automatisch im Hohen Speicher abgelegt, falls dieser verfügbar ist. SMARTDRV schränkt die Cache-Funktion bei Diskettenlaufwerken oder von INTERLNK erzeugten logischen Laufwerken auf ein Lese-Cache ein, zu schreibende Daten werden normalerweise nicht gepuffert. Beim Zurückspeichern von Daten auf Datenträger wartet SMARTDRV auf Zeitabschnitte, in denen das Laufwerk keine Schreib-Lese-Funktionen auszuführen hat.

[***Laufwerk:*****][*****Pfad*****]SMARTDRV.EXE** ***LW:*****[+ |] [*****Speichergröße*****] [/R] [/C]**

Dabei bezeichnet

- Laufwerk:Pfad die Position der Datei SMARTDRV.EXE,
- LW: das zu puffernde Laufwerk,
- + oder - schalten die Schreib-Lese-Pufferung ein oder aus und übergehen dabei die Standardwerte (siehe oben), mehrere Laufwerksangaben können Sie durch Leerzeichen trennen,
- Speichergröße die Größe des Speicherbereichs, in dem die Cache-Informationen gespeichert werden sollen (Standardwert abhängig von RAM-Größe),
- der Parameter /R, daß der Cache-Speicher gelöscht und SMARTDRV neu gestartet wird,
- /C, daß alle noch nicht gespeicherten Daten zurück auf den Datenträger geschrieben werden, so daß keine ungespeicherten Daten im Arbeitsspeicher verbleiben.

Da veränderte Daten zum Teil erst verzögert auf den Datenträger geschrieben werden, sollten Sie SMARTDRV mit dem Parameter /C verwenden, bevor Sie Ihren Rechner ausschalten oder mit der Reset-Taste neu starten. Beim Warmstart mit [Strg]-[Alt]-[Entf] ist dies nicht nötig, da hier automatisch alle Daten zurückgeschrieben werden.

CONFIG-Alarm

7-10 Konfigurationsbefehle übergehen

Nach dem Verändern meiner Startdateien CONFIG.SYS und AUTOEXEC.BAT treten beim Starten Fehler und Fehlermeldungen auf, die ich nicht so schnell nachvollziehen kann. Wie kann ich den Startvorgang in einzelne Schritte unterbrechen oder meine Startdateien sogar ganz übergehen?

Seit der MS-DOS Version 6.0 können Sie einzelne Zeilen der CONFIG.SYS und die gesamte AUTOEXEC.BAT oder auch beide Dateien komplett übergehen. Drücken Sie zu Beginn des Startvorgangs bei Erscheinen der Meldung »Startet MS-DOS ...« die Funktionstaste [F5], um die CONFIG.SYS und AUTOEXEC.BAT komplett zu übergehen. DOS startet dann mit Standardwerten, d.h.

- dem Standard-Tastaturlayout »USA«, bei dem unter anderem die Tasten [Y] und [Z] vertauscht sind,
- der Standardeingabeaufforderung *Laufwerk:* und ähnlichem.
- Treiberdateien für Maus und den Arbeitsspeicher werden nicht geladen.

Um einzelne Zeilen der CONFIG.SYS zu übergehen, drücken Sie gleich zu Beginn des Startvorgangs bei Erscheinen der Meldung »Startet MS-DOS...« die Funktionstaste [F8]. DOS fragt dann bei jeder Zeile, ob Sie sie übergehen wollen oder nicht. Die einzelnen Zeilen werden nicht unbedingt in ihrer Reihenfolge innerhalb der CONFIG.SYS abgefragt, sondern nach inhaltlichen Gesichtspunkten in der Reihenfolge, in der DOS diese Zeilen benötigt. Falls in Ihrer CONFIG.SYS z.B. irgendwo die Zeile

```
DOS=HIGH,UMB
```

steht, sehen Sie nach Drücken von [F8] die Zeile

```
DOS=HIGH,UMB [J/N]?
```

Die übrigen Zeilen der CONFIG.SYS werden genauso abgearbeitet bzw. bei Drücken von [N] übergangen.

Die AUTOEXEC.BAT kann nur komplett übergangen werden (bzw. während des Ablaufs mit [Strg]-[C] abgebrochen werden). Die entsprechende Meldung erscheint nach Ende der CONFIG.SYS auf dem Bildschirm:

```
Ausführen von AUTOEXEC.BAT [J,N]?
```

Falls Sie Meldungen, die DOS während des Startvorgangs ausgibt, in Ruhe auswerten wollen, können Sie diese Meldungen in eine Datei umleiten oder auch automatisch drucken lassen. Das nächste Rezept zeigt Ihnen das Verfahren.

Nichts bleibt verborgen

7-11 AUTOEXEC.BAT protokollieren

In der CONFIG.SYS und AUTOEXEC.BAT habe ich sehr viele Treiber und TRS-Programme installiert. Die Vielzahl von Bildschirmmeldungen beim Start kann ich nicht so schnell aufnehmen. Wie kann ich die Startmeldungen abfangen und in Ruhe auswerten?

Während des Startvorgangs zeigt DOS, welche Treiber installiert werden, ob die Installation erfolgreich war und zum Teil auch noch Treiberdaten. Um diese Informationen anzusehen, brauchen Sie nicht lauter PAUSE-Befehle einzubauen. Dies würde den Startvorgang nur verlangsamen, auch wenn Sie keine Informationen lesen wollen.

Stattdessen können Sie einen Befehl in die AUTOEXEC.BAT einfügen, der die Startinformationen auf den Drucker oder in eine Datei umleitet. Auf diese Weise können Sie die Daten in Ruhe auswerten. Das Bild 7.7 zeigt die veränderte AUTOEXEC.BAT. In Bild 7.8 sehen Sie den Inhalt der Datei START.LOG.

```
C:\>type autoexec.bat
LH /L:0;1,42896 /S C:\DOS\SMARTDRV.EXE > START.LOG
rem Diese Zeile lädt den Festplatten-Cache-Treiber
rem SMARTDRIVE
PATH C:\DOS;D:\WORD5;C:\WIN31;d:\tools\wintools\wins
hare;c:\ventura
rem Diese Zeile legt die Suchpfade von DOS fest
LH /L:1,16416 C:\DOS\KEYB GR >> START.LOG
ECHO OFF
PROMPT $P$G
CLS
VER >> START.LOG
set TEMP=c:\win31\temp
rem Diese Zeile sorgt für die Speicherung der temporä-
rem ren Dateien in C:\WIN31
REM DOSSHELL
LH /L:1,56928 C:\DOS\MOUSE >> START.LOG
```

Bild 7.7: AUTOEXEC.BAT mit Umleitung der Befehlsmeldungen

```
C:\>type start.log
MS SMARTDrive, Festplatten-Cache-Programm, Version 4.1
Copyright 1991,1993 Microsoft Corp.

Größe des Cache:  2.097.152 Byte
Größe des Cache während der Ausführung von Windows:
2.097.152 Byte

           Festplatten-Cache-Status
Laufwerk   Lese-Cache   Schreib-Cache   Pufferung
-------------------------------------------------
  A:           ja           nein           nein
  B:           ja           nein           nein
  C:           ja            ja            nein
  D:           ja            ja            nein

Geben Sie "smartdrv /?" zur Anzeige der Hilfe ein.

MS-DOS Version 6.00

Microsoft (R) Mouse Driver Version 8.20
Copyright (C) Microsoft Corp. 1983-1992.  All rights reser-
ved.
Existing Mouse driver enabled

C:\>
```

Bild 7.8: Inhalt der Protokolldatei START.LOG

Um die Daten auf einen Textdrucker umzuleiten, ersetzen Sie in der AUTOEXEC.BAT den Befehl »>START.LOG« bzw.den Befehl »> >START.LOG« durch »>PRN«. Sofern der Drucker eingeschaltet und Online ist, werden alle Startmeldungen ausgedruckt.

Das Umleiten der DOS-Meldungen in eine Datei oder auf einen Drukker ist nur für die AUTOEXEC.BAT, nicht aber für die CONFIG.SYS möglich.

Mal so, mal so

7-12 Variable Konfiguration

Ich benutze meinen Rechner für verschiedene Aufgaben: teilweise arbeite ich in einem Netzwerk und benötige die Netzwerktreiber, teilweise arbeite ich alleine und benötige den Treiber-Speicherplatz für Anwendungsprogramme. Wie starte ich immer mit der richtigen Konfiguration?

Seit MS-DOS Version 6.0 können Sie zu Beginn des Bootvorgangs ein Menü einblenden, aus dem Sie die gewünschte Konfiguration auswählen. Die Menüstruktur ist Teil der Datei CONFIG.SYS und erlaubt, bestimmte Konfigurationsblöcke zu installieren oder zu übergehen. Die Wahl in der CONFIG.SYS kann auch in der AUTOEXEC.BAT benutzt werden, um gezielt bestimmte Zeilen zu berücksichtigen.

Die Bilder 7.9 und 7.10 zeigen eine CONFIG.SYS mit Menüstruktur und das Menü so, wie Sie es beim Starten auf dem Bildschirm sehen würden.

In eckigen Klammern sehen Sie jeweils die Blocknamen, z.B. [MENU] für den Menüblock oder [NETZ] für den Block mit den Netzwerktreibern. Mit MENUITEM wird ein Menüpunkt eingeleitet, der erst den Blocknamen (z.B. NETZ) und anschließend den Text für den Benutzer enthält. MENUCOLOR legt Vorder- und Hintergrundfarben fest (hier schwarz und weiß) und MENUDEFAULT einen Standardwert, der nach der angegebenen Zeit (in Sekunden) gewählt wird.

```
DEVICE=C:\DOS\HIMEM.SYS
DEVICE=C:\DOS\EMM386.EXE NOEMS HIGHSCAN
BUFFERS=20,0
FILES=30
DOS=UMB

[MENU]
MENUITEM=WIN, Mit Windows starten
MENUITEM=DOS, Mit DOS und allen Treibern starten
MENUCOLOR=0,7
MENUDEFAULT=WIN,15

[WIN]
DEVICE=C:\DOS\DISPLAY.SYS CON=(EGA,,1)

[DOS]
INCLUDE WIN
DEVICEHIGH=C:\DOS\ANSI.SYS
DEVICEHIGH=C:\DOS\SETVER.EXE

[COMMON]
DOS=HIGH
COUNTRY=049
```

Bild 7.9: CONFIG.SYS mit Menüstruktur und den Menüpunkten WIN und DOS

```
Startmenü für MS-DOS 6

     1. Mit Windows starten
     2. Mit DOS und allen Treibern starten

Wählen Sie die gewünschte Option: 1                Verbleibende Zeit: 10




F5: Umgehen der Startdateien      F8: Bestätigen jeder CONFIG.SYS-Zeile: [N]
```

Bild 7.10: Ausführen des Menüs von Bild 7.9

Das folgende Beispiel zeigt, wie Sie mit dem Befehl SUBMENU auch Untermenüs gestalten können:

```
[MENU]
MENUITEM=EINZEL, Treiber für Einzelplatz laden
SUBMENU=NETZ, Netzwerktreiber laden
[NETZ]
MENUITEM=NOVELL, Arbeiten nur mit Novell
MENUITEM=WFW, Arbeiten mit Windows für Workgroups und Novell
[EINZEL]
...
[NOVELL]
...
[WFW]
...
```

Nichts vergessen

7-13 Variable AUTOEXEC.BAT

Passend zu meinem Menü in der CONFIG.SYS benötige ich auch bestimmte Befehle in der AUTOEXEC.BAT. Kann ich die Wahleingabe in die AUTOEXEC.BAT übernehmen?

Die Wahl einer bestimmten Konfiguration kann man für eine bestimmte Konfiguration in der AUTOEXEC.BAT ausnutzen. Der Blockname der gewünschten Konfiguration wird in der Umgebungsvariablen CONFIG gespeichert, im vorhergehenden Rezept also EINZEL oder NETZ. Diese Umgebungsvariable können Sie in der AUTOEXEC.BAT abfragen und damit Sprungbefehle steuern (GOTO %CONFIG%). Die folgenden Zeilen zeigen den Schlußteil einer AUTOEXEC.BAT, die je nach der Wahl der Konfiguration verschiedene Pfade und andere Informationen festlegt.

```
...
GOTO %CONFIG%
:WIN
ECHO STARTE MIT KONFIGURATION1
WIN
GOTO ENDE
:DOS
ECHO STARTE MIT KONFIGURATION2
:ENDE
```

Ach ne, doch nicht!

7-14 Konfigurationszeilen ausklammern

Ich möchte nicht bei jedem Startvorgang alle in der CONFIG.SYS eingetragenen Treiber laden, ein Menü kommt aber nicht in Frage (z.B. weil ich nur vorübergehend auf bestimmte Treiber verzichten muß). Kann ich gezielt die zu installierenden Treiber abfragen oder einzelne Zeilen automatisch unwirksam machen, ohne meine ganze CONFIG.SYS umzuschreiben?

Sie können die CONFIG.SYS so verändern, daß jeder mit DEVICE oder DEVICEHIGH zu ladende Treiber vorher bestätigt werden muß. Geben Sie dazu vor dem Gleichheitszeichen ein Fragezeichen ein, wie unten u.a. für die ANSI-Zeile dargestellt.

Um eine ganze Zeile mit den mühsam eingestellten Parametern ganz zu übergehen, ohne die Zeile einfach zu entfernen, können Sie sie „herauskommentieren". Das heißt, daß Sie den DOS-Stapelbefehl REM (für »Remark«, dt. »Bemerkung«) an den Anfang der Zeile schreiben. Dieser Befehl gibt DOS an, daß der nachfolgende Text ein freier Programmkommentar ist und kein auszuführender DOS-Befehl. REM ist auch in der CONFIG.SYS wirksam.

Ihre CONFIG.SYS mit in Frage gestellten und herauskommentierten Zeilen kann z.B. so aussehen:

```
DEVICEHIGH?=C:\DOS\ANSI.SYS
DEVICEHIGH?=C:\DOS\SETVER.EXE
DOS=HIGH
REM COUNTRY=049
REM STACKS=9,256
DEVICE=C:\DOS\SMARTDRV.EXE /DOUBLE_BUFFER
SHELL=C:\DOS\COMMAND.COM C:\DOS\ /p
```

Unten sehen Sie, welche Meldungen beim Startvorgang daraus hervorgehen. Falls Sie die veränderten Zeilen wieder automatisch ausführen lassen wollen, entfernen Sie einfach das Fragezeichen bzw. den Begriff REM.

```
DEVICEHIGH=C:\DOS\ANSI.SYS [J,N]?
```

Was kann ich für Sie tun?

7-15 Prompt gestalten

Die DOS-Eingabeaufforderung zeigt nicht die Informationen, die ich gerne sehen würde. Wie kann ich in der Prompt-Meldung den aktuellen Pfad, die Uhrzeit oder auch beliebige Texte darstellen und diese auch noch farblich gestalten?

Mit dem Befehl PROMPT legen Sie Ihre ganz persönliche Eingabeaufforderung fest, am besten gleich in der AUTOEXEC.BAT. Fehlt diese Zeile in der Startdatei, zeigt DOS eine Standardeingabeaufforderung, die das aktuelle Laufwerk und ein Größer-Zeichen »>«enthält.

Sie können die Eingabeaufforderung in der AUTOEXEC.BAT oder jederzeit während einer Arbeitssitzung verändern. Verwenden Sie die AUTOEXEC.BAT, wenn die Eingabeaufforderung für jede Arbeitssitzung gelten soll. Um als Eingabeaufforderung das aktuelle Laufwerk und ein Gleichheitszeichen zu sehen, tasten Sie

```
PROMPT $N$Q
```

Geben Sie den Ihren Wünschen entsprechenden Befehl gemäß folgender Syntax ein:

PROMPT [*Text*]

Als *Text* können Sie dabei eine beliebige Zeichenfolge oder aber Codes für bestimmte Systeminformationen eingeben (siehe Tabelle).

Code	Information
$Q	= (Gleicheitszeichen)
$$	$ (Dollarzeichen)
$T	Uhrzeit
$D	Datum
$P	aktuelles Laufwerk und Pfad
$V	MS-DOS Versionsnummer
$N	aktuelles Laufwerk
$G	> (Größer-Zeichen)
$L	< (Kleiner-Zeichen)
$B	| (Datenübergabe, ASCII-Zeichen 124)
$H	Rückschritt (löscht voranstehendes Zeichen)
$E	Escape-Zeichen (ASCII-Zeichen 27)
$_	Wagenrücklauf und Zeilenvorschub

Ohne Text zeigt DOS die Standard-Eingabeaufforderung, das aktuelle Laufwerk gefolgt von einem Größer-Zeichen.

Falls Sie die Farbe der Eingabeaufforderung oder auch von Ihnen eingegebener Zeichen verändern wollen, können Sie sogenannte ANSI-Escape-Zeichenfolgen verwenden. Diese beginnen stets mit dem Escape-Zeichen (ASCII-Zeichen 27) bzw. innerhalb des PROMPT-Befehls mit der Zeichenfolge $E. Welche ANSI-Escape-Zeichenfolgen zur Verfügung stehen, lesen Sie bitte im Anhang.

Das folgende Bild zeigt Ihnen in der ersten Zeile die Standardeingabeaufforderung und nachfolgend einen PROMPT-Befehl. In der nächsten Zeile sehen Sie die zu dem Befehl gehörende Meldung und nachfolgend einen neuen Befehl usw.

```
C:\>prompt $v$q
MS-DOS-Version 6.00=prompt Ihre Eingabe$g
Ihre Eingabe>prompt $d$_$t    &g
DO, 27.05.1993
19.07.48,21   >prompt
C>prompt $e[1m$p$g$e[m
C:\>prompt $p$g
C:\>
```

Bild 7.11: Verschiedene Prompt-Befehle und -Meldungen

Back to the USA

7-16 Ländereinstellung

Nach dem Starten von DOS sind einige Tasten auf meiner Tastatur falsch belegt (auf der Taste [Ö] liegen zum Beispiel Semikolon »;« und Doppelpunkt »:«). Außerdem scheint bei der Datumsangabe Tag und Monat vertauscht. Das kommt mir alles sehr fremd vor. Ich möchte es aber lieber deutsch!

Beim Starten fragt DOS ab, welche Ländereinstellungen geladen werden sollen, wo diese Informationen stehen und welches Tastaturlayout gewünscht wird. Die Ländereinstellung geben Sie in der CONFIG.SYS an. Die Zeile kann die folgende Form haben, um z.B. die deutschen Daten zu laden:

COUNTRY=049

Allgemein tasten Sie die Zeile mit der folgenden Syntax ein:

COUNTRY=*nnn*[,[*Codeseite*][,[*Laufwerk*:][*Pfad**Dateiname*]]

Dabei bedeutet

- *nnn* die Landeskennzahl, z.B. 049 für Deutschland,
- *Codeseite* die gewünschte Zeichensatztabelle; für Deutschland sind die Codeseiten 850 (Mehrsprachig (Latein 1), Standardwert) oder 437 (Englisch) möglich; eine vollständige Liste der Codeseiten finden Sie im Anhang A,
- [*Laufwerk:*][*Pfad*]*Dateiname* die Position der Datei mit den Länderinformationen; voreingestellt ist hier die Datei COUNTRY.SYS im Startlaufwerk des Systems.

Mit der Ländereinstellung haben Sie jedoch noch nicht das Tastaturlayout festgelegt. Dies können Sie in der AUTOEXEC.BAT oder nach der DOS-Eingabeaufforderung mit dem KEYB-Befehl nach folgender vereinfachter Syntax tun:

KEYB *xx*,[[*Laufwerk:*][*Pfad*]*Dateiname*]

Hier steht *xx* für den Tastaturcode, z.B. »GR« für Deutschland, [*Laufwerk:*][*Pfad*]*Dateiname* bezeichnet die Datei mit den Tastaturinformationen (voreingestellt ist KEYBOARD.SYS im Hauptverzeichnis des Startlaufwerks).

Wenn Sie bestimmte Zeichen häufig benötigen, die sich nicht auf Ihrer Tastatur befinden, können Sie diese Zeichen auf eine beliebige Taste der Tastatur setzen. Dabei wird das eigentliche Zeichen dieser Taste übergangen. In Kapitel 8 lesen Sie das zugehörige Rezept.

Es war einmal ...

7-17 Laufwerke umlenken

Ich möchte ein „altes" DOS-Anwendungsprogramm, das nur mit den Diskettenlaufwerken A: und B: arbeitet, auf meiner Festplatte installieren. Was kann ich tun, um den automatischen Zugriff des Programms auf ein Diskettenlaufwerk zu umgehen?

Sie können die Laufwerksangabe für ein oder mehr Diskettenlaufwerke auf Verzeichnisse umleiten. Das heißt, daß DOS bei jedem von einer Anwendung geforderten Laufwerkszugriff dies auch akzeptiert, in Wirklichkeit jedoch die Dateien in einem Verzeichnis der Festplatten sucht. Dies gilt auch für Ihre Arbeit mit der DOS Shell oder der Prompt-Oberfläche.

Gehen wir als Beispiel davon aus, daß Sie das Laufwerk B: durch den Pfad C:\LAUFB ersetzt haben. Wenn Sie jetzt auf Laufwerk B: wechseln wollen, geben

Sie wie gewohnt die Laufwerksangabe B: ein und drücken die Eingabetaste [↵]. DOS zeigt jetzt, daß es auf Laufwerk B: gewechselt hat, hat aber in Wirklichkeit nur das Verzeichnis gewechselt (wie z.B. mit CD \LAUFB). Solange die Ersetzung gilt, ist ein Zugriff auf das wirkliche Disketten-Laufwerk B: nicht möglich.

Tasten Sie hierzu nach der DOS-Eingabeaufforderung

SUBST B: C:\LAUFB [↵]

Sie ersetzen ein Laufwerk durch ein Verzeichnis mit dem SUBST-Befehl nach der allgemeinen Syntax:

SUBST [*Laufwerk1*: *Laufwerk2:Pfad*]

Dabei bezeichnet *Laufwerk1:* das ersetzende Laufwerk und *Laufwerk2: Pfad* den echten Pfad, der mit *Laufwerk1:* angesprochen werden soll. Geben Sie keine Parameter an, zeigt DOS eine Liste der aktuellen Ersetzungen. Eine Ersetzung löschen Sie mit dem Parameter /D durch Eingabe des Befehls:

SUBST *Laufwerk1:* /D

wobei Sie für das Beispiel »*Laufwerk1:*« durch »B:« ersetzen.

Das Bild 7.12 zeigt Ihnen für das o.g. Beispiel die Ersetzung und den Wechsel in das Verzeichnis. Am freien Speicherplatz auf dem Datenträger können Sie erkennen, daß es sich bei B: hier nicht um ein Diskettenlaufwerk handelt.

```
C:\>subst b: c:\laufb

C:\>subst
B: = C:\LAUFB

C:\>b:

B:\>dir

 Datenträger in Laufwerk B ist HD-PROGRAMM
 Datenträgernummer: 1ABC-74E2
 Verzeichnis von B:\

.                    20.06.93   20:29
..                   20.06.93   20:29
         2 Datei(en)            0 Byte
                          6922240 Byte frei

B:\>
```

Bild 7.12: Auswirkungen des SUBST-Befehls

Aufgrund veränderter logischer Zuordnungen der Dateien sollten Sie SUBST nicht mit den folgenden Befehlen verwenden: CHKDSK, DISKCOMP, DISKCOPY, FASTOPEN, FDISK, FORMAT, LABEL, RESTORE, SYS oder den alten DOS-Befehlen ASSIGN, BACKUP, RECOVER.

Neben dem Effekt, daß alte Anwendungen überlistet werden, können Sie SUBST auch verwenden,

- um PATH-Angaben zu verkürzen,
- unerfahrene Benutzer davon abzuhalten, bestimmte Laufwerke zu verwenden, indem Sie diese einfach umleiten.

In Kapitel 9 zeigen wir dies für Diskettenlaufwerke sowie andere Möglichkeiten, Benutzer von Laufwerken fernzuhalten.

COM mal!

7-18 Serielle Schnittstellen konfigurieren

Ich möchte über die serielle Schnittstelle meines Systems Daten austauschen (z.B. per Modem und Datenleitung oder auch an einen seriellen Drucker). Wie kann ich die dazu nötigen Parameter wie Übertragungsgeschwindigkeit, Zahl der Datenbits etc. einstellen?

Die serielle Schnittstelle Ihres Systems konfigurieren Sie mit dem Befehl MODE. Sie können mit MODE die Übertragungsgeschwindigkeit, die Parität, die Zahl der Daten- und die der Stoppbits einstellen. Außerdem legen Sie das Verhalten fest, wenn das System keine Verbindung herstellen kann. Verwenden Sie MODE mit der folgenden Syntax

MODE COM*n*[:] [BAUD=*b*] [PARITY=*p*] [DATA=*d*] [STOPS=*s*] [RETRY=*r*]

Dabei bezeichnet COM*n* die Nummer der seriellen Schnittstelle. Gültige Werte sind 1, 2, 3 und 4, wobei Sie die serielle Schnittstelle immer angeben müssen.

BAUD=*b* legt die Datenübertragungsgeschwindigkeit in Bit pro Sekunde (Baud) fest. Mögliche Geschwindigkeiten sind 110, 150, 300, 600, 1200, 2400, 4800, 9600, 19200, wobei Sie jeweils die ersten beiden Ziffern angeben müssen.

PARITY=*p* stellt den Wert des Paritätsbits für Fehlertests ein. Wählen Sie *p* aus der folgenden Tabelle:

Wert für *p*	Parität
n	keine (none)
o	ungerade (odd)
e	gerade (even)
m	Bit gesetzt (1, mark)
s	Bit nicht gesetzt (0, space)

Standardwert ist e.

DATA=*d* gibt die Zahl der Datenbits (die „Zeichenbreite") an. Gültige Werte sind 5 bis 8, Standardwert ist 7.

STOP=*s* legt die Zahl der Stoppbits fest. Gültige Wert sind 1, 1,5 und 2, Standardwert ist 2 bei 110 Baud, sonst 1.

RETRY=*r* schreibt vor, was passiert, wenn das angeschlossene Gerät nicht bereit ist. Sie können folgende Ausgaben einstellen:

Wert für r	Wirkung
e	Ausgabe »Fehler«
b	Ausgabe »Belegt«
r	Ausgabe »Bereit«
n oder none	kein weiterer Übertragungsversuch

Standardwert ist e. Die Angabe von RETRY=*r* läßt einen residenten Teil von MODE im Arbeitsspeicher. Drücken Sie `Strg`-`Untbr`, um die Wiederholungsschleife abzubrechen.

In Kurzschreibweise können Sie statt der Parameter nur die Werte b,p,d,s,r angegen, jeweils durch ein Komma getrennt. Schreiben Sie das Komma in jedem Fall, auch, wenn Sie einen Wert auslassen.

Die Konfigurationswerte für eine Schnittstelle gelten nur für jeweils eine Arbeitssitzung. Nach dem Neustart Ihres Systems konfiguriert DOS die Schnittstellen wieder mit Standardwerten.

LPT austricksen

7-19 Parallele Schnittstelle umleiten

Ich habe bei meinem PC den Drucker an einer seriellen Schnittstelle angeschlossen. Bestimmte DOS-Programme versuchen jedoch, über die parallele Schnittstelle LPT1 zu drucken. Wie kann ich die Druckausgabe auf eine serielle Schnittstelle umlenken?

Wenn Sie die serielle Schnittstelle Ihres Systems mit dem MODE-Befehl konfiguriert haben, wie wir eben gezeigt haben, können Sie die Druckausgabe auf diese Schnittstellen umleiten. Verwenden Sie auch dazu einen MODE-Befehl.

Um z.B. den Druck von LPT1 nach COM2 umzuleiten, geben Sie folgenden Befehl nach der DOS-Eingabeaufforderung ein:

MODE LPT1=COM2 [↵]

Verwenden Sie hier die Syntax

MODE LPT*m*[:]=COM*n*[:]

Dabei bezeichnet LPT*m* die parallele Schnittstelle, an die der Druckauftrag eigentlich adressiert ist (i.d.R LPT1); COM*n* gibt die serielle Schnittstelle an, die den Druckauftrag erhalten soll.

Sie können diese Umlenkung auch wieder rückgängig machen. Geben Sie dazu als Parameter nur die parallele Schnittstelle an, in unserem Beispiel also:

MODE LPT1

Die Druckumlenkung wird wieder aufgehoben, sobald Sie Ihren PC neu starten.

Aus der Vogelperspektive

7-20 Bildschirm konfigurieren

Ich möchte unter der Prompt-Oberfläche, mit dem MS-DOS Editor oder der DOS Shell gerne mehr (oder weniger) Informationen auf dem Bildschirm unterbringen. Kann ich die Zeilenzahl und Zeilenlänge verändern?

Sie können die Zahl der auf dem Bildschirm angezeigten Zeilen und Spalten verändern. Zuerst müssen Sie den Gerätetreiber ANSI.SYS mit einem DEVICE- oder DEVICEHIGH-Befehl in der CONFIG.SYS installiert haben.

Nach dem Starten des Rechners ist die Zahl der Spalten (d.h. die Zeilenlänge) mit 80, die Zahl der Zeilen mit 25 voreingestellt. Um die Zahl der Bildschirmzeilen auf 43 festzulegen, geben Sie folgenden Befehl ein:

MODE CON LINES=43

Geben Sie allgemein nach der DOS-Eingabeaufforderung oder auch in der AUTOEXEC.BAT eine Zeile mit der folgenden Syntax ein:

MODE CON[:] [COLS=*c*][LINES=*l*]

Der Parameter COLS=*c* bezeichnet die Anzahl der Zeichen pro Bildschirmzeile (Spalten). Sie können für *c* die Werte 40 oder 80 angeben. LINES=*l* gibt die Zahl der Bildschirmzeilen an. Gültige Werte für *l* sind 25, 43 oder 50, wobei nicht alle Grafikkarten jede Angabe berücksichtigen. Sie müssen nicht immer beide Parameter angeben; geben Sie keinen Parameter an, zeigt DOS die aktuellen Einstellungen.

Das Bild 7.13 zeigt einen Bildschirm mit 43 Zeilen und 80 Spalten.

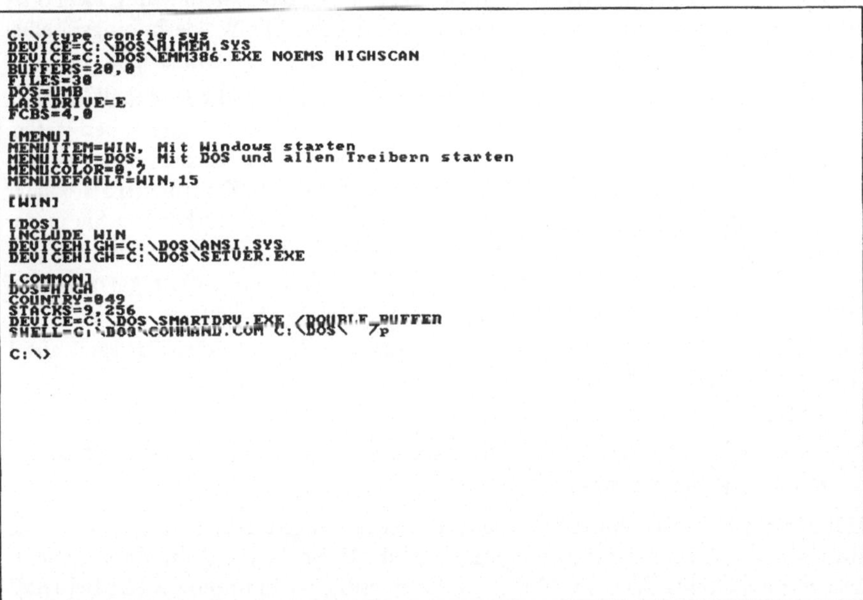

```
C:\>type config.sys
DEVICE=C:\DOS\HIMEM.SYS
DEVICE=C:\DOS\EMM386.EXE NOEMS HIGHSCAN
BUFFERS=20,0
FILES=30
DOS=UMB
LASTDRIVE=E
FCBS=4,0

[MENU]
MENUITEM=WIN, Mit Windows starten
MENUITEM=DOS, Mit DOS und allen Treibern starten
MENUCOLOR=0,7
MENUDEFAULT=WIN,15

[WIN]

[DOS]
INCLUDE WIN
DEVICEHIGH=C:\DOS\ANSI.SYS
DEVICEHIGH=C:\DOS\SETVER.EXE

[COMMON]
DOS=HIGH
COUNTRY=049
STACKS=9,256
DEVICE=C:\DOS\SMARTDRV.EXE /DOUBLE_BUFFER
SHELL=C:\DOS\COMMAND.COM C:\DOS\ /P

C:\>
```

Bild 7.13: Bildschirmdarstellung mit 43 Zeilen

Wenn Sie nach Ändern der Einstellung eine neue COMMAND.COM aufrufen (z.B. über die »Eingabeaufforderung« der DOS Shell), gelten die Änderungen auch dort.

Die unter der zweiten COMMAND.COM veränderten Werte werden jedoch nicht in den ursprünglichen Befehlsinterpreter übernommen, da diese Daten nur vorwärts weitergegeben werden, genauso, wie die Eltern Eigenschaften nur an die Kinder vererben und nicht umgekehrt.

Die Einstellungen unter der Prompt-Oberfläche gelten nicht für die DOS Shell und die meisten Anwendungsprogramme. Unter der DOS Shell können Sie die Zahl der Bildschirmzeilen im Menü »Optionen« mit dem Befehl »Anzeigemodus« einstellen. Der MS-DOS Editor unterstützt nur 80 Zeichen pro Zeile, nicht aber 40.

Immer hübsch langsam

7-21 Zeichenwiederholung einstellen

Wenn ich bereits etwas müde bin, schreibt das System häufig zwei oder mehr Zeichen, wenn ich eine Taste drücke. Die Wiederholungsrate bei gedrückter Taste ist mir ebenfalls zu hoch (oder zu niedrig).

Einstellen können Sie, ab welchem Zeitpunkt und wie schnell Zeichen wiederholt werden, wenn Sie Ihren Finger auf der Taste ruhen lassen. Wie schon im vorhergehenden Rezept, verwenden Sie auch hier den Befehl MODE CON. Den Gerätetreiber ANSI.SYS müssen Sie vorher in der CONFIG.SYS geladen haben. Anschließend können Sie in der AUTOEXEC.BAT den MODE-Befehl eingeben. Die Eingabe in der AUTOEXEC.BAT sollten Sie der Eingabe nach der Eingabeaufforderung vorziehen, wenn Sie immer mit dieser Tastatureinstellung arbeiten wollen.

Das folgende Beispiel bringt Ruhe in die Tastatur. Es stellt die Wartezeit auf 1 Sekunde ein und die Wiederholrate auf 10:

MODE CON RATE=10 DELAY=4

Verwenden Sie den MODE-Befehl für andere Werte wie nachfolgend beschrieben:

MODE CON[:] RATE=*r* DELAY=*d*

Dabei steht RATE=*r* für die Wiederholungsrate bei gedrückter Taste. Geben Sie für *r* Werte zwischen 1 und 32 ein, was ca. 2 bis 30 Zeichen pro Sekunde entspricht. Der voreingestellte Wert ist 20 bei AT-Kompatiblen-Tastaturen und 21 bei IBM-PS/2-Tastaturen

Die Angabe DELAY=*d* bezeichnet die Wartezeit, bevor ein Zeichen bei gedrückter Taste wiederholt wird. Geben Sie einen Wert zwischen 1 und 4 an, entsprechend 1/4, 2/4, 3/4 und 4/4 Sekunden, voreingestellt ist 2. Sie können nur beide Werte zusammen eingeben.

Tief in den Speicher blicken

7-22 Systeminformationen (DEBUG)

MS-DOS 6.0 bietet mir nicht genügend Möglichkeiten, Einblick in das System zu nehmen. Gibt es Möglichkeiten, an DOS vorbei Systemdaten zu erhalten, wie z.B. Inhalte bestimmter Speicheradressen ?

MS-DOS enthält das Programm DEBUG, um auf Maschinenebene zu arbeiten. DEBUG arbeitet mit einer eigenen Eingabeaufforderung und eigenen Befehlen, die wir hier nur streifen können.

Das Bild 7.14 zeigt Ihnen, wie wir DEBUG gestartet haben und nach der Eingabeaufforderung den Befehl

DF000:FFF0

eingegeben haben. Der Befehl D sorgt dabei für die Ausgabe des Inhalts eines bestimmten Adreßbereiches. Diese Zeile bewirkt die Ausgabe des Inhalts des Speicherbereichs F000 bis FFF0 (in hexadezimalen Zahlen). Dieser Abschnitt enthält das Alter des System-BIOS in amerikanischer Datumsschreibweise (Monat-Tag-Jahr). Im Bild 7.14 sehen Sie diese Daten als Hexadezimalzeichen und als ASCII-Zeichen.

```
C:\>debug
-d f000:fff0
F000:FFF0  EA 04 05 A6 02 31 32 2F-31 32 2F 39 31 00 FC 00   .....12/12/91...
-
```

Bild 7.14: Speicherabfrage mit DEBUG

Unter DEBUG stehen Ihnen viele Befehle zur Verfügung. Einen Überblick über die Befehle und Ihre Funktionen zeigt die DOS-Hilfe, wenn Sie nach der Eingabeaufforderung

HELP DEBUG [↵]

eingeben.

... wie die Profis

7-23 Maschinenprogramme schreiben (DEBUG)

Stapelprogramme bieten mir nicht alle Funktionen, die ich wünsche bzw. sind mir teilweise zu langsam. Kann ich unter DOS noch auf anderen Wegen programmieren?

Unter MS-DOS können Sie mit dem Programm DEBUG Maschinenprogramme, d.h. Programme mit Assembler-Befehlen erstellen. Diese Programme benutzen direkt die schnelleren Systembefehle und sind nicht auf DOS-Befehlsprogramme angewiesen.

Wenn Sie Assembler-Programme eingeben, sollten Sie die Daten mit einem Textprogramm in eine Textdatei eingeben und dann in DEBUG einlesen. Die folgende Textdatei PIEP.TXT enthält alle Befehle, damit DEBUG die Datei PIEP.COM schreibt, die wiederum beim Aufrufen einen Piepton erzeugt.

```
C:\>type piep.txt
n piep.com
a 100
mov ah,2
mov dl,7
int 21
mov ah,4c
int 21

r cx
a
w
q

C:\>
```

Bild 7.15: Quelltext PIEP.TXT zu PIEP.COM

Die einzelnen Befehle haben folgende Funktion:

- N PIEP.COM bewirkt, daß die Datei PIEP.COM erzeugt werden soll;
- A 100 assembliert die nachfolgenden Befehle und legt Sie ab der Adresse 100 ab;
- die folgenden Zeilen sind Assembler-Befehle, die den eigentlichen Piepton erzeugen, achten Sie auch auf die Leerzeile;
- R CX zeigt den Inhalt des Registers CX und fragt nach dem neuen Inhalt;
- A bezeichnet den neuen Inhalt des Registers, nämlich die Länge des Programms (hier 10 Byte, hexadezimal »A«);
- W schreibt die eingegebenen Daten in die oben mit N angegebene Datei und
- Q beendet den Debugger wieder.

Den Text wandeln Sie in die entsprechende COM-Datei um, indem Sie die Zeile

DEBUG < PIEP.TXT [↵]

nach der DOS-Eingabeaufforderung tasten. Probieren Sie das Programm PIEP einmal aus. Sie können es in Stapeldateien einbauen, wenn Sie dem Benutzer einen zusätzlichen akustischen Hinweis auf die Vorgänge auf dem Bildschirm geben wollen.

8 Arbeitsvereinfachung

Help, I need somebody!

8-1 Online-Hilfe

Bei der Arbeit mit DOS suche ich gelegentlich nach den Parametern für seltener benutzte Befehle, möchte aber nicht gleich jedesmal in den Handbüchern nachschlagen. Kann ich mir schnell helfen?

MS-DOS beinhaltet verschiedene Hilfesysteme, die Ihnen online, d.h. während der Rechnerarbeit zur Verfügung stehen.

- Unter der DOS Shell können Sie im Menü »Hilfe« verschiedene Menüpunkte wählen, die Ihnen einen Überblick verschaffen, die Benutzung der Shell mit der Tastatur erläutern oder auch das Hilfesystem selber erklären.

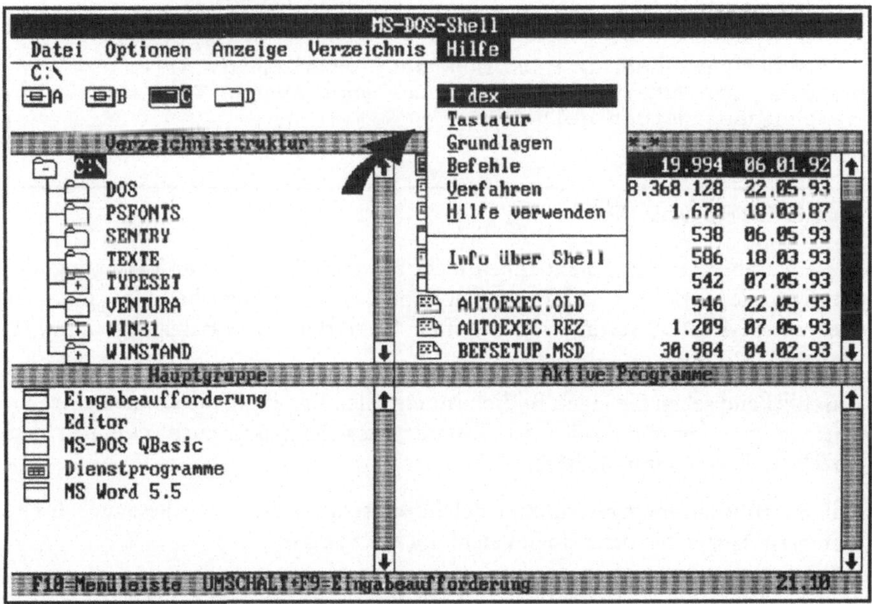

Bild 8.1: DOS Shell mit Menü »Hilfe«

- Unter der Prompt-Oberfläche können Sie zwischen verschiedenen Hilfen wählen:
  - einer kurzen Befehlsbeschreibung mit allen Parametern oder
  - einer komfortablen Ganzbild-Hilfe mit ausführlicher Erläuterung aller Parameter und mit Beispielen.

Wählen Sie die Kurzhilfe nach der folgenden Syntax:

Befehl /?

oder

FASTHELP *Befehl*

Befehl ist hier jeweils der DOS-Befehl, zu dem Sie Hilfe wünschen. Das folgende Bild zeigt Ihnen ein Beispiel für diese Hilfe.

```
C:\>deltree /?
Löscht ein Verzeichnis und alle enthaltenen Unterverzeichnis-
se und Dateien.

Löscht eine oder mehrere Dateien und Verzeichnisse:
DELTREE [/Y] [Laufwerk:]Pfad [[Laufwerk:]Pfad[...]]

  /Y                Unterdrückt die Anzeige der Bestä-
                    tigung, wenn ein Unterver-
                    zeichnis gelöscht wird.
  [Laufwerk:]Pfad   Angabe des Verzeichnisses, das Sie
                    löschen möchten.

Hinweis: Verwenden Sie DELTREE sehr vorsichtig. Alle
Dateien und Unterverzeichnisse des angegebenen Ver-
zeichnisses werden gelöscht.

C:\>
```

Bild 8.2: Kurzhilfe zu DELTREE

Diese Kurzbeschreibung steht Ihnen nicht bei allen Befehlen zur Verfügung, die Konfigurationsbefehle sind z.B. ausgenommen. Eine ausführliche Hilfe gibt es zu allen unter MS-DOS verfügbaren Begriffen. Sie starten dieses Hilfeprogramm mit

HELP

Anschließend sehen Sie einen Bildschirm mit allen Begriffen. Sie können einzelne Themen mit der Maus oder der Tastatur auswählen und auch zwischen den einzelnen Themen umschalten.

Falls Sie Hilfe zu einem bestimmten Befehl wünschen, können Sie diese auch direkt ansteuern. Geben Sie dazu einen Befehl mit der Syntax:

HELP *Befehl*

wobei *Befehl* hier wiederum der DOS-Befehl ist, zu dem Sie Hilfe wünschen. Das Bild 8.3 zeigt Ihnen den Bildschirm nach Wahl der Hilfe zu DELTREE.

Im Angang B sehen Sie, wie Sie sich weitere Informationen zu DOS aus dem Kommunikationsdienst CompuServe oder von Microsoft CDs holen.

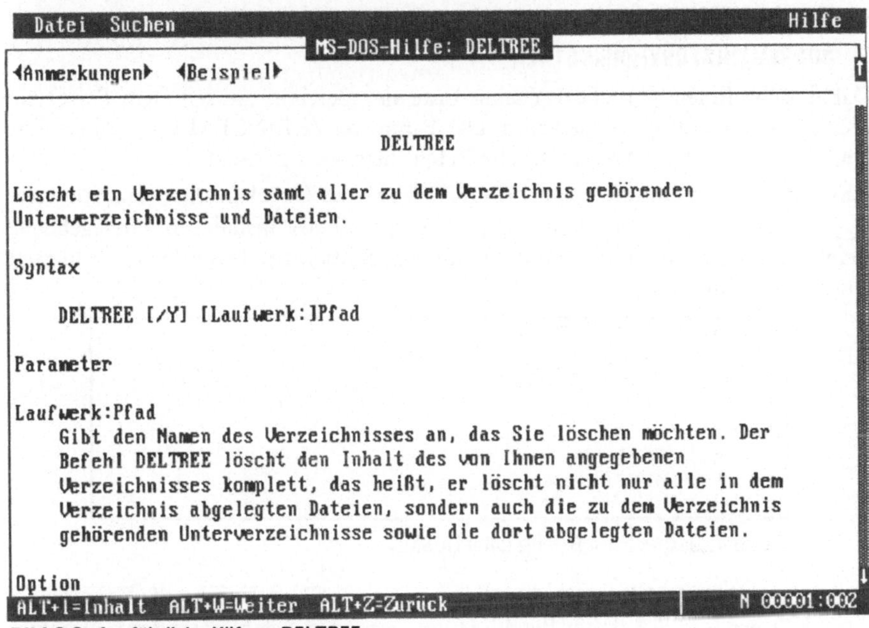
Datei Suchen Hilfe
MS-DOS-Hilfe: DELTREE
◄Anmerkungen► ◄Beispiel►

DELTREE

Löscht ein Verzeichnis samt aller zu dem Verzeichnis gehörenden Unterverzeichnisse und Dateien.

Syntax

DELTREE [/Y] [Laufwerk:]Pfad

Parameter

Laufwerk:Pfad
Gibt den Namen des Verzeichnisses an, das Sie löschen möchten. Der Befehl DELTREE löscht den Inhalt des von Ihnen angegebenen Verzeichnisses komplett, das heißt, er löscht nicht nur alle in dem Verzeichnis abgelegten Dateien, sondern auch die zu dem Verzeichnis gehörenden Unterverzeichnisse sowie die dort abgelegten Dateien.

Option
ALT+I=Inhalt ALT+W=Weiter ALT+Z=Zurück N 00001:002

Bild 8.3: Ausführliche Hilfe zu DELTREE

Für Historiker

8-2 Befehlswiederholung (DOSKey)

Ich benutze während der Arbeit mit DOS viele Befehle mehrfach. Kann ich Befehle durch Tastendruck wieder auf den Bildschirm „zaubern", die ich vorher schon einmal eingegeben habe?

Seit der MS-DOS Version 5.0 gehört zu DOS das Programm DOSKEY, das die eingegebenen Befehle in einer Liste speichert und bestimmte Befehle auf Tastendruck wieder in die Befehlszeile schreibt. Ihnen stehen dabei bestimmte Funktionstasten zur Verfügung.

Starten Sie DOSKEY durch Eingabe von

DOSKEY ↵

Um DOSKEY in den hohen Speicher zu laden, tasten Sie

LOADHIGH DOSKEY ↵

Verwenden Sie DOSKEY mit den folgenden Parametern:

DOSKEY [/HISTORY] [/REINSTALL]

Dabei zeigt Ihnen /HISTORY eine Liste der Befehle, die seit dem Start von DOSKEY ausgeführt worden sind. Der Parameter /REINSTALL installiert eine neue Version von DOSKEY, die alte Befehlsliste wird gelöscht.

Ähnlich wie der Parameter /HISTORY wirkt das Drücken der Funktionstaste [F7]. Nach Drücken der Taste sehen Sie alle seit der Installation eingegebenen Befehle mit einer laufenden Nummer auf dem Bildschirm. Das folgende Bild zeigt ein Beispiel dafür.

```
C:\>attrib *.txt +r

C:\>
1: dir
2: dir *.sik
3: del *.sik
4: attrib *.txt +r
C:\>
```

Bild 8.4: Gespeicherte Befehle unter DOSKey

Sie können die Befehlsliste mit den Richtungstasten [nach oben] und [nach unten] durchblättern und den in der Befehlszeile angezeigten Befehl verändern. Um vom Überschreibmodus in den Einfügemodus und zurück zu wechseln, betätigen Sie die [Einfg]-Taste.

Weitere Parameter und Anwendungsbeispiele zu DOSKEY können Sie in den nächsten Rezepten lesen. Eine vollständige Liste der Funktionstasten zu DOSKEY finden Sie im Anhang.

DOS dressieren I

8-3 Stapelprogramme mit DOSKey

Mit manchen Windows-Anwendungen (wie Excel, Word für Windows) kann ich selbstablaufende Programme (Makros) dadurch programmieren, daß ich vormache, was der Makro nachmachen soll. Funktioniert das unter DOS genauso?

Mit DOS können Sie zwar kein Makro durch Vormachen schreiben, aber ein Stapelprogramm (Batchprogramm). Sie machen sich dabei Funktionen von DOSKEY zunutze.

1. Tasten Sie vor Beginn der Makroprogrammierung die Kombination [Alt]-[F7], um den Befehlsspeicher zu löschen.
2. Geben Sie nacheinander alle Befehle ein, die DOS anschließend automatisch für Sie ausführen soll.
3. Anschließend können Sie die Befehlsliste in eine Datei umleiten. Verwenden Sie für das Makro einen möglichst sprechenden Namen und die Erweiterung BAT. Allgemein sieht dieser Befehl so aus:

   DOSKEY /HISTORY > SICHER.BAT

Das Bild 8.5 zeigt, wie wir die Befehlsliste in eine Datei umgeleitet und anschließend den Dateiinhalt mit TYPE ausgegeben haben.

```
C:\>doskey /history > sicher.bat

C:\>type sicher.bat
md texte
cd texte
xcopy \*.txt  *.doc
cd \
doskey /history > sicher.bat

C:\>
```

Bild 8.5: Umleiten gespeicherter Befehle in eine Stapeldatei

Löschen Sie jetzt mit einem Editor die letzte Zeile des Textes und speichern Sie die Datei. Anschließend ist das Stapelprogramm einsatzbereit.

Wie Sie mit DOSKEY Makros programmieren, zeigen wir Ihnen im nachfolgenden Rezept.

DOS dressieren II

8-4 DOSKey-Makros

Ich verwende häufig Befehle mit immer den gleichen Parametern oder bestimmte Befehlsfolgen. Kann ich meine Tipparbeit verkürzen und so Zeit für Routineaufgaben einsparen? Stapelprogramme sind mir dabei manchmal zu langsam!

Seit MS-DOS der Version 5.0 oder später können Sie Makros programmieren, die einzelne Befehle oder Befehlsfolgen aufnehmen. Mit Makros haben Sie nicht den ganzen Funktionsumfang von Stapelprogrammen zur Verfügung. Da sie im Arbeitsspeicher abgelegt werden, sind sie aber schneller als Stapelprogramme und außerdem vom Verzeichnis unabhängig.

Im Bild 8.6 sehen Sie ein Beispiel für die Programmierung eines Makros und seine Ausführung. Das Makro VERZ erstellt ein Verzeichnis und wechselt hinein.

```
C:\>doskey verz=echo off $t md $1 $t cd $1 $t echo on

C:\>verz dosstand
C:\>echo off
 md dosstand
 cd dosstand
 echo on

C:\DOSSTAND>
```

Bild 8.6: Festlegung eines einzeiligen Makros und Kontrolle

Wenn Sie einem Makro den Namen eines DOS-Befehls geben, führt DOS normalerweise das Makro aus. Sie können auf diese Weise Anfängern bestimmte Befehle vorenthalten oder auch Befehle vereinfachen. Lesen Sie dazu auch das nachfolgende Rezept 8-5.

Verwenden Sie bei der Programmierung die folgende Syntax:

DOSKEY *Makro=Befehle*

Makro gibt dabei den gewünschten Namen des Makros an; *Befehle* bezeichnet die DOS-Befehle mit allen gewünschten Parametern, die unter dem Namen *Makro* ausgeführt werden sollen. Wenn der Makro aus mehreren Befehlen bestehen soll, trennen Sie die einzelnen Befehle durch die Zeichenfolge $T. Sie können ersetzbare Variable verwenden, die Sie erst beim Aufrufen des Makros mit Inhalt füllen. Bezeichnen Sie diese Variablen im Makrotext mit $1 bis $9 oder $* für alle Variablenwerte hinter dem Makronamen. Sie können das Verkettungszeichen »|« oder die Umlenkungszeichen »<«, »>«, »>>« benutzen, diese werden aber anders bezeichnet:

- $B entspricht dem Verkettungszeichen |
- $L entspricht dem Kleiner-Zeichen <
- $G entspricht dem Größer-Zeichen >
- GG entspricht dem doppelten Größer-Zeichen > >.

Ein Makro bleibt nur bis zum Ausschalten des Systems im Speicher. Wollen Sie Makros bei jeder Arbeitssitzung zur Verfügung haben, sollten Sie die entsprechende Befehlszeile in der gewohnten Syntax in die AUTOEXEC.BAT schreiben. DOS installiert die Makros dann bei jedem Starten des Systems automatisch.

Befehle tarnen

8-5 Gleichnamige DOS-Befehle und Makros

Ich möchte ein Makro unter dem Namen eines DOS-Befehls speichern (z.B. um anderen Benutzern den Befehl vorzuenthalten), mir selber aber die Möglichkeit erhalten, den DOS-Befehl zu benutzen. Was kann ich tun, außer den DOS-Befehl zusätzlich noch umzubenennen?

Wenn Sie einen Makro und einen DOS-Befehl unter dem gleichen Namen speichern, führt DOS normalerweise das Makro aus. Sie können auf diese Weise unerfahrenen Benutzern Befehle vorenthalten oder vereinfachen. Umden ursprünglichen DOS-Befehl zu verwenden, geben Sie vor dem Befehlsnamen eine Leerstelle ein. DOS erkennt den Namen dann nur als Befehlsdateinamen zum entsprechenden DOS-Befehl.

```
C:\>doskey format=echo Sie haben keine Berechtigung zum For-
matieren in Laufwerk $1

C:\>format a: /q
C:\>echo Sie haben keine Berechtigung zum Formatieren in
Laufwerk a:
Sie haben keine Berechtigung zum Formatieren in Laufwerk a:

C:\> format a: /q
Neue Diskette in Laufwerk A: einlegen
und anschließend die EINGABETASTE drücken ...
```

Bild 8.7: Makro zu gleichnamigem DOS-Befehl

Im Bild 8.7 haben wir ein Makro mit dem Namen FORMAT aufgerufen, das dem Benutzer eine ECHO-Meldung zeigt, daß er nicht zum Formatieren berechtigt ist.

Darunter haben wir dem Formatierbefehl eine Leerstelle vorangestellt und so das Formatierprogramm FORMAT.COM aufgerufen, wie an den ersten Programmeldungen zu erkennen ist.

Für Klavierspieler I

8-6 DOS-Funktionstasten

Welche Funktionstasten stehen mir unter DOS zur Verfügung und welche Aufgaben nehmen sie war?

Unter der DOS-Promptoberfläche ermöglichen die Funktionstasten, Text in der Befehlszeile und im Befehls-Zeilenspeicher zu bearbeiten (siehe Tabelle unten). Der Zeilenspeicher enthält jeweils den zuletzt eingegebenen Befehl bzw. genauer den Text, der vor dem letztmaligen Drücken der Eingabetaste [↵] in der Befehlszeile stand. Bei Befehlen, für die DOS den gesamten konventionellen Arbeitsspeicher ausnutzen mußte, wird der Zeilenspeicher manchmal vorzeitig gelöscht.

Taste	Funktion
[F1], [→]	kopiert ein Zeichen aus den Zeilenspeicher in die Befehlszeile. Drücken Sie die Taste mehrfach, um mehrere Zeichen zu kopieren.
[F2] *Zeichen*	kopiert den Befehl bis zum Zeichen aus dem Zeilenspeicher in die Befehlszeile. *Zeichen* wird nicht mitkopiert. Wirkungslos, falls *Zeichen* nicht im Zeilenspeicher steht.
[F3], [nach oben]	kopiert den letzten Befehl aus dem Zeilenspeicher in die Befehlszeile.
[F4] *Zeichen*	springt im Zeilenspeicher bis zum Zeichen, ohne es zu kopieren. [F1] oder [F3] kopieren jetzt nur die nachfolgenden Zeichen (einschließlich *Zeichen*).
[F5]	kopiert den Eintrag aus der Befehlszeile in den Zeilenspeicher und überschreibt die dort stehenden Daten.
[F6]	ergänzt in der Befehlszeile ein Dateiendezeichen ([Strg]-[Z]).
[Einfg]	wechselt vom Überschreibe- in den Einfügemodus und umgekehrt. Standardeinstellung ist der Überschreibemodus.
[Entf]	überspringt im Zeilenspeicher das aktuelle Zeichen, ohne es in die Befehlszeile zu kopieren.
[Esc]	bricht den laufenden Vorgang ab, ohne den Zeilenspeicher zu verändern.

Für Klavierspieler II

8-7 Funktionstasten belegen

Die Standardbelegung der Funktionstasten unter der DOS-Promptoberfläche erfüllt nicht alle meine Bedürfnisse. Ich möchte verschiedene Befehle auf die Funktionstasten legen, z.B. auch in Kombination mit der [Strg]- oder der [Alt]-Taste.

Immer, wenn Sie eine Taste auf Ihrer Tastatur drücken, wird ein Tastencode an den Rechner gesandt und dort verarbeitet. Druckbare Zeichen werden meist auf dem Bildschirm dargestellt.

Sie können nun auch programmieren, daß beim Drücken einer bestimmten Taste oder Tastenkombination ein Befehl ausgeführt wird. Dies geschieht über sog. ANSI-Escape-Zeichenfolgen, die voraussetzen, daß Sie den Gerätetreiber ANSI.SYS mit einem DEVICE- oder DEVICEHIGH-Befehl in der CONFIG.SYS installiert haben.

Sie geben diese ANSI-Escape-Zeichenfolgen mit einem ECHO-Befehl in einem Stapelprogramm ein oder mit Hilfe des Prompt-Befehls. Wir beschreiben hier zunächst die erste Möglichkeit.

Allgemein beginnt ein ANSI-Escape-Code mit dem Escape-Zeichen (ASCII-Zeichen 27), gefolgt von einer eckigen Klammer und dem Tastencode der gewünschten Taste. Das Escape-Zeichen erzeugen Sie mit dem MS-DOS Editor durch Drücken der Tastenkombination [Strg]-[P] und anschließendem Drücken der [Esc]-Taste, unter MS Word durch Tasten der Kombination [Alt]-[2][7].

Mit dem folgenden Programm F10FORM.BAT können Sie z.B. den Formatierbefehl auf die Funktionstaste [F10] legen, wobei ESC für das Escape-Zeichen (ASCII 27) steht:

```
@ECHO OFF
ECHO Dieses Programm belegt die Funktionstaste F10 mit dem
ECHO Formatierbefehl für Laufwerk B, hoher Schreibdichte und dem
ECHO Namen TESTDATEN.
ECHO [0;68;"FORMAT B: /V:TESTDATEN";13P
ECHO Tastenbelegung erfolgt!
```

Nachdem Sie das Stapelprogramm erstellt haben, ändern Sie die Tastenbelegung, indem Sie das Programm ablaufen lassen oder mit dem TYPE-Befehl auf dem Bildschirm darstellen. Die ANSI-Escape-Zeichenfolge ist dabei nicht auf dem Bildschirm sichtbar.

Die folgende Tabelle 8.1 zeigt die Tastencodes aller Funktionstasten, alleine oder in Kombination mit der [Strg]-, [Alt]- oder [⇧]-Taste:

Taste	Code	Code mit [⇧]	Code mit [Strg]	Code mit [Alt]
[F1]	0;59	0;84	0;94	0;104
[F2]	0;60	0;85	0;95	0;105
[F3]	0;61	0;86	0;96	0;106
[F4]	0;62	0;87	0;97	0;107
[F5]	0;63	0;88	0;98	0;108
[F6]	0;64	0;89	0;99	0;109
[F7]	0;65	0;90	0;100	0;110
[F8]	0;66	0;91	0;101	0;111
[F9]	0;67	0;92	0;102	0;112
[F10]	0;68	0;93	0;103	0;113
[F11]	0;133	0;135	0;137	0;139
[F12]	0;134	0;136	0;138	0;140

Tabelle 8.1: Tastencodes der Funktionstasten

Falls Sie die Tastenbelegung mit einem Prompt-Befehl verbinden möchten, geben Sie die Zeichenfolge ein, die im Beispiellisting oben hinter der eckigen Klammer steht. Vor die eckige Klammer schreiben Sie die Zeichenfolge $E, die die ANSI-Escape-Zeichenfolge beim Prompt-Befehl einleitet.

Jede Tastenneubelegung gilt nur für die aktuelle Arbeitssitzung, d.h. bis zum Ausschalten oder Neustarten des Systems. Falls Sie die Tastenneubelegung vorzeitig wieder ausschalten möchten, geben Sie wiederum eine ANSI-Escape-Zeichenfolge ein. Schreiben Sie hier den Code der gewünschten Taste zweimal hintereinander. Für das Beispiel aus dem Bild oben schreiben Sie also:

```
ECHO ESC[0;68;0;68p
```

wobei hier ESC für das Escape-Zeichen steht.

Viele Anwendungen benutzen Ihre eigene Tastaturbelegung und übergehen eine Tastenum- oder -neubelegung unter DOS, so z.B. MS Word oder auch der MS-DOS Editor.

Für Klavierspieler III

8-8 Tasten umlegen

Meine Standard-Tastatur enthält verschiedene Zeichen, die ich fast nie benötige, während ich andere Zeichen, wie z.B. »$^1/_2$« (ASCII 171), häufig über die Kombination mit der [Alt]-Taste eingeben muß. Kann ich die Belegung meiner Tastatur so verändern, daß auch »$^1/_2$« auf einer Taste liegt?

Wie wir auch im vorhergenden Rezept geschrieben haben, erzeugt das Drücken einer Taste einen Tastencode, an dem der Rechner das gedrückte Zeichen erkennt und entsprechend verarbeitet. Sie können jedoch die Zuordnung zwischen Impuls und Zeichen verändern, so daß z.B. das Drücken der Taste [°] (bzw. [⇧]-[^]) das Zeichen »$^1/_2$« erzeugt.

Bevor Sie die Zuordnung und damit die Tastaturbelegung verändern können, müssen Sie den DOS-Treiber ANSI.SYS mit einem DEVICE oder DEVICEHIGH-Befehl in der CONFIG.SYS installiert haben. Das Neubelegen geschieht dann durch sog. ANSI-Escape-Zeichenfolgen. Wir zeigen Ihnen hier nur exemplarisch, wie Sie das Zeichen »$^1/_2$« auf die Taste [°] (ASCII 248) legen. Anhand der Tastencodetabelle im Anhang und im vorhergehenden Rezept können Sie dieses Rezept leicht Ihren Wünschen anpassen.

In einem Stapelprogramm können Sie für das o.g. Beispiel die folgende Zeile verwenden:

ECHO ESC[248;171P

Innerhalb eines PROMPT-Befehls könnten Sie eingeben:

PROMPT $E["°";"½"P

Allgemein müssen Sie mit einem ECHO-Befehl in einem Stapelprogramm oder dem Befehl PROMPT eine sogenannte ANSI-Escape-Zeichenfolge nach der folgenden Syntax eingeben:

ESC[*Taste1*;*Taste2*p

Dabei bedeutet:

- ESC das Escape-Zeichen (ASCII 27), daß Sie mit dem MS-DOS-Editor mit [Strg]-[P]-[Esc] eingeben, mit MS Word über [Alt]-[2][7];
- *Taste1* die Taste bzw. den Tastencode, auf die Sie das Zeichen *Taste2* legen wollen.

Falls Sie statt des Tastencodes das Zeichen selber verwenden wollen, müssen Sie es in Anführungszeichen "" setzen.

Um die alte Tastenbelegung wiederherzustellen, starten Sie Ihren Rechner neu, oder Sie geben für *Taste1* und *Taste2* die ursprüngliche Taste an:

ECHO ESC[248;248P

Die meisten Anwendungen verwenden Ihren eigenen Tastaturtreiber, die die oben vorgenommenen Änderungen übergehen. Die unter der Prompt-Oberfläche vorgenommenen Änderungen gelten im wesentlichen dort und z.B. unter EDLIN, nicht aber im MS-DOS Editor oder der DOS Shell. Bei jedem Neustart des Systems wird die Standard-Tastenbelegung geladen, allgemeingültige Änderungen sollten Sie also in der AUTOEXEC.BAT eintragen.

USA auf Tastendruck

8-9 Tastaturlayout umschalten

Ich arbeite häufiger mit Anwendungen, die Sonderzeichen verwenden, die auf der amerikanischen Tastatur zu finden sind, im Deutschen aber mühsam über den ASCII-Code in Verbindung mit [Alt] eingegeben werden müssen. Sollte ich jetzt vor der Arbeit mit solchen Anwendungen den Rechner neu starten und eine andere Konfiguration wählen, oder gibt es auch andere Möglichkeiten?

Wenn Sie häufiger mit verschiedenen Konfigurationen, z.B. verschiedenen Tastaturtreibern arbeiten, haben Sie mit MS-DOS 6.0 verschiedene Möglichkeiten:

- Sie kopieren vor jeder Arbeitssitzung die richtigen Startdateien zurecht und starten das System neu.
- Sie starten den Rechner mit einer Konfiguration, die Sie über ein Menü in der CONFIG.SYS auswählen.
- Sie wechseln auf Tastendruck das Tastaturlayout.

Die letzte Möglichkeit ist die schnellste.

Sie können während jeder Arbeitssitzung zwischen dem installierten Tastaturlayout (z.B. deutsche Tastenbelegung) und der Standard-USA-Tastenbelegung umschalten. Die jeweils eingestellte Tastenbelegung wird auch von den meisten DOS-Anwendungen übernommen, nicht jedoch von Windows.

Geben Sie die Tastenkombination [Strg]-[Alt]-[F1] ein, um zur Standard-Tastatur (USA) zu wechseln. Um zu Ihrer ursprünglichen Belegung zurückzukehren, drücken Sie [Strg]-[Alt]-[F2].

Brücken schlagen

8-10 Rechner vernetzen

Ich arbeite sowohl mit einem Laptop als auch mit einem stationären PC und benötige auf beiden Rechnern die gleichen Daten. Ein Netzwerk habe ich nicht installiert. Muß ich jetzt ständig Disketten hin- und herschleppen, oder gibt es auch fortschrittlichere Methoden, und welche Voraussetzungen bestehen dafür?

MS-DOS 6.0 enthält die zwei Programme Interlink und Interserver für die Fernbedienung eines PCs von einem anderen und den Datenaustausch zwischen ihnen.

Interlink und Interserver werden bei der Installation von MS-DOS 6.0 automatisch auf der Festplatte eingerichtet. Sie verbinden einfach nur die zwei Rechner mit einem seriellen oder parallelen Kabel und starten die Programme. Die genaue Leitungsbelegung zeigen wir Ihnen gleich in diesem Rezept. Falls Sie früher bereits das Programm LapLink mit einem parallelen Kabel benutzt haben, können Sie dieses Kabel auch für Interlink benutzen.

Während der Verbindung läuft ein Rechner (z.B. der Laptop) als »Client«, auf dem Sie alle Eingaben machen und auch den zweiten Rechner (z.B. ihrer stationären PC, den »Server«) steuern. Auf dem Server wird während dieser Zeit nur die Verbindung der einzelnen Laufwerke mit dem Client angezeigt. Eingeben können Sie auf dem Server nichts. Um zwei Rechner zu verbinden, müssen

- der Server mit MS DOS 6.0 und der Client mit MS-DOS Version 3.0 oder höher versehen sein,
- der Client 16 KByte und der Server 130 KByte freien Arbeitsspeicher besitzen,
- eine Verbindung mit einen seriellen oder parallelen Kabel zwischen den Rechnern bestehen.

Die folgende Grafik zeigt für verschiedenene Kabeltypen die Verbindung der einzelnen Leitungen. Im nächsten Rezept befassen wir uns dann mit der Installation der Treiber in der CONFIG.SYS und dem Aufruf der Programme.

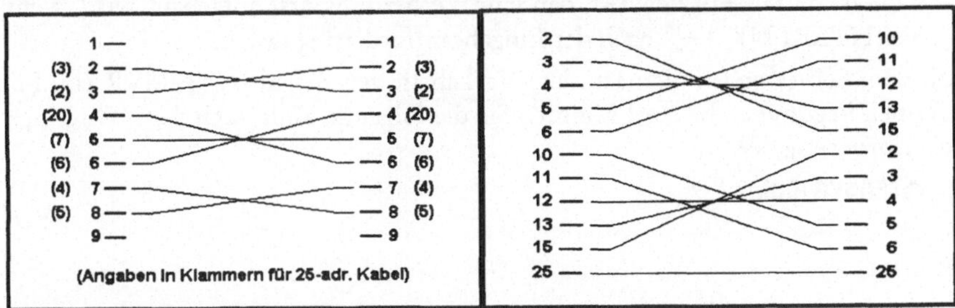

Bild 8.8: Steckerbelegung für serielle (links) und parallele Kabel (rechts)

Aus sicherer Entfernung

8-11 Rechner fernbedienen

Ich habe zwei Rechner mit Kabeln verbunden und möchte jetzt auch Daten über diese Leitungen schicken. Welche Treiber und Programme benötige ich, und welche sind die nützlichsten Parameter?

Vor der Datenübertragung und Fernbedienung müssen Sie verschiedene Schritte ausführen:

- den Treiber INTERLNK.EXE in der CONFIG.SYS des Clients installieren,
- das Programm INTERLNK auf dem Client-Gerät aufrufen und
- das Programm INTERSVR auf der Server-Maschine starten.

In der CONFIG.SYS des Clients legen Sie die wichtigsten Parameter für die Datenübertragung fest, z.B. die Schnittstelle, über die die Verbindung hergestellt werden soll. Die Zeile in der CONFIG.SYS kann z.B. so aussehen (oder entsprechend mit DEVICE), wenn die Verbindung über COM2 aufgebaut werden soll:

DEVICEHIGH=C:\DOS\INTERLNK.EXE /COM2

Falls Sie keine Schnittstelle angeben, untersucht DOS alle Schnittstellen und wählt eine möglicherweise passende aus. Dies kann allerdings zu Problemen mit Mausanschlüssen führen (siehe unten).

Je nachdem, wann und wie häufig Sie Interlink benutzen wollen, sollten Sie einen der folgenden Aufrufe wählen:

- die oben im Beispiel gezeigte Zeile in der CONFIG.SYS, wenn Sie die Verbindung zu Beginn jeder Arbeitssitzung herstellen wollen;
- ein Konfigurationsmenü in der CONFIG.SYS (siehe Kapitel 7, Rezept 7-12) mit einer Konfiguration mit und einer ohne Interlink, wenn Sie Interlink häufig und dann zu Beginn jeder Sitzung nutzen wollen;
- die oben gezeigte Zeile in der CONFIG.SYS mit dem zusätzlichen Parameter /NOSCAN, wenn Sie nicht schon zu Beginn der Sitzung mit Interlink arbeiten wollen. NOSCAN bewirkt, daß eine Verbindung erst aufgebaut wird, wenn Sie INTERLNK [↵] nach der Eingabeaufforderung tasten.

Auf dem Server geben Sie nach dem Verkabeln den Befehl INTERSVR ein. Für das oben begonnene Beispiel könnten Sie die folgende Zeile nach der DOS-Eingabeaufforderung tasten:

INTERSVR /COM2 [↵]

```
                Microsoft Interlnk Server Version 1.00

        Dieser Computer       Anderer Computer
           (Server)               (Client)

          A:           gleich          E:
          B:           gleich          F:
          C: (57MB)    gleich          G:
          D: (48MB)    gleich          H:
          LPT1:        gleich          LPT2:
```

Bild 8.9: Server nach dem Start von INTERSVR

Wenn Sie nicht alle Server-Laufwerke zur Verfügung stellen wollen, geben Sie nur die gewünschten Laufwerke an, z.B.

INTERSVR C: D: [↵]

um nur die Laufwerke C: und D: umzuleiten.

Falls Sie MS Windows zusammen mit einer Maus auf dem Client oder Server benutzen, sollten Sie die Schnittstelle angeben, über die die Rechner verbunden sind. Wir haben in den Beispielen COM2 angegeben. Falls Sie z.B. die Druckerschnittstelle LPT1 umgeleitet haben und unter Windows über LPT1 drucken wollen, müssen Sie in der Windows-Systemsteuerung anstatt »LPT1« die Druckerschnittstelle »LPT1.DOS« angeben, um Zuordnungskonflikte zu vermeiden.

9 Systemsicherheit

Disketten sind tabu

9-1 Laufwerke blockieren und umleiten

An meinem Rechner arbeiten noch verschiedene andere, z.T. unerfahrene Personen. Ich möchte nun vermeiden, daß diese Personen Geschäftsdaten kopieren oder zum Zeitvertreib virenverseuchte Spiele installieren und meine Festplatte infizieren. Kann ich meine Diskettenlaufwerke zu diesem Zweck blockieren?

Grundsätzlich gibt es sehr verschiedene Möglichkeiten, einzelne Laufwerke vor unbefugtem Gebrauch zu schützen. Gemeinsam haben alle die Eigenschaft, den befugten Benutzern schnell Zugang zu allen Systemkomponenten zu öffnen.

- Sie kaufen sich ein professionelles Schutzsystem, z.B. abschließbare Disketten, die das Laufwerk blockieren. Das ist die teuerste und wirkungsvollste Methode.
- Sie nehmen sich einen Schraubenzieher und öffnen das Computergehäuse. Dann können Sie die Diskettenlaufwerke von der Spannungsversorgung trennen. Dies ist billig und schützt vor allen, die nicht professionell vorgehen.
- Sie ändern das Hardware-Setup Ihres Systems und entfernen die Angaben zu den Diskettenlaufwerken. Der Fehlermeldung am Anfang des Bootvorgangs werden Anfänger bestimmt nicht nachgehen.
- Sie lenken die Laufwerkszuordnung auf ein Festplattenverzeichnis um. Anfänger haben dann keine Möglichkeit mehr, auf die Diskettenlaufwerke zuzugreifen .

Die letzte Möglichkeit beschreiben wir Ihnen näher: Der DOS-Befehl SUBST leitet eine beliebige Laufwerkszuordnung in ein Verzeichnis um. Jeder Versuch, auf das Laufwerk zuzugreifen, endet im Wechseln in das Verzeichnis eines anderen Laufwerks. Wir haben dies bereits in Kapitel 7, Rezept 7-17 ausführlich erläutert.

Um einen Anfänger vom Diskettenlaufwerk B: fernzuhalten, und ihn stattdessen in das Verzeichnis D:\LW-B umzuleiten, geben Sie den folgenden Befehl ein:

SUBST B: D:\LW-B [↵]

Der Benutzer wird erst nach einer Zeit der Verwirrung über die Datenträgerbezeichnung, Kontrolleuchten und den Angaben über freien Speicherplatz auf des Rätsels Lösung kommen. Um die Laufwerksumleitung wieder aufzuheben, tasten Sie

SUBST B: /D [↵]

Arbeitsverweigerung

9-2 Alte Datensicherungen zurückspeichern

Ich habe noch mit MS-DOS 5.0 und dem Befehl BACKUP Daten gesichert. Nach dem Update auf MS-DOS 6.0 muß ich einen Teil der Daten zurückspeichern, weil die Originale zerstört sind. Das neue MSBACKUP verweigert aber die Zusammenarbeit!

Das Programm MSBACKUP sichert Daten und stellt sie wieder her. Das Programm ist jedoch nicht zum alten BACKUP abwärtskompatibel. Sie verwenden stattdessen den alten Befehl RESTORE, mit dem Sie schon unter MS-DOS 5.0 Daten wiederhergestellt haben. RESTORE ist auch bei der 6.0-Version wieder dabei.

Wenn Sie alle Textdateien aus dem Verzeichnis C:\DOSSTAND und allen Unterverzeichnissen wiederherstellen wollen, die auf einer oder mehreren Disketten in Laufwerk B: gesichert worden sind, tasten Sie:

RESTORE B: C:\DOSSTAND*.TXT /S [↵]

Das Bild 9.1 zeigt den Bildschirm, während Daten von Laufwerk B: wiederhergestellt werden.

```
C:\>restore b: c:\dosstand\*.txt /s

Sicherungsdiskette 01 in Laufwerk B: einlegen
Eine beliebige Taste drücken, um fortzusetzen

*** Dateien gesichert am 31.05.1993 ***

*** Dateien werden von Laufwerk B: wiederhergestellt ***
Diskette: 01
\DOSSTAND\AUTOEXEC.TXT
\DOSSTAND\PW.TXT
\DOSSTAND\DCOPY.TXT
\DOSSTAND\UP.TXT
\DOSSTAND\PROGRAMM.TXT
\DOSSTAND\TASTE.TXT
\DOSSTAND\PFAD.TXT
\DOSSTAND\PROGRAM2.TXT
\DOSSTAND\WRDSTART.TXT
```

Bild 9.1: Rückspeichern alter Datendateien mit RESTORE

Beim Wiederherstellen müssen Sie immer den Verzeichnisnamen angeben, aus dem die Daten auch gesichert wurden, da die Dateien mit dem Verzeichnisnamen zusammen auf die Diskette geschrieben worden sind und nur so wiedergefunden werden können. Das Laufwerk muß jedoch nicht mit dem Originallaufwerk übereinstimmen. Alle Parameter zu RESTORE nennt Ihnen die DOS-Hilfe.

Wer bin ich?

9-3 Datenträgernamen überprüfen

Ich möchte bei bestimmten Stapelprogrammen sicher gehen, daß ich oder ein anderer Benutzer mit dem richtigen Datenträger arbeiten. Ich kann den Datenträgernamen oder eine Seriennummer jedoch nicht automatisch abfragen und zur Programmsteuerung benutzen!

In der Tat läßt sich zwar der Name eines Datenträgers aus einem Stapelprogramm abfragen, diese Abfrage jedoch nicht zur Programmsteuerung verwenden. Sie können sich jedoch trickreich helfen. Dabei benutzen Sie drei Eigenschaften von DOS-Befehlen:

- Der Filterbefehl FIND gibt alle Zeilen aus, die einen Suchbegriff enthalten.
- Diese Ausgabe läßt sich in eine Datei umleiten.
- Der Befehl COPY kopiert nur Dateien, die auch einen Inhalt haben, nicht jedoch leere Dateien.

Unten sehen Sie ein Stapelprogramm(VOLTEST.BAT), in dem wir den Namen einer Diskette in Laufwerk A: abfragen und so lange die Fehlermeldung ausgeben lassen, bis eine Diskette mit dem Namen TESTDISK eingelegt wurde, d.h. der Filterbefehl eine entsprechende Meldung in die Datei NAMEPRÜF.DAT schreibt. Am Ende des Programms können Sie nach eigenen Wünschen Befehle programmieren, die die gewünschte Diskette verwenden.

```
@ECHO OFF
:PRÜFUNG
VOL A: | FIND "TESTDISK" > C:\NAMEPRÜF.DAT
COPY C:\NAMEPRÜF.DAT C:\NAMEOK.DAT > NUL
IF EXIST C:\NAMEOK.DAT GOTO BESTANDEN
ECHO Bitte legen Sie die richtige Diskette ein und drücken Sie eine Taste!
PAUSE > NUL
GOTO PRÜFUNG
:BESTANDEN
DEL C:\NAMEPRÜF.DAT > NUL
```

```
DEL C:\NAMEOK.DAT > NUL
ECHO Sehr gut! Sie haben die richtige Diskette eingelegt!
```

Das Programm VOLTEST.BAT zeigt ein paar Kombinationen von Stapelbefehlen, die Ihnen vielleicht neu sind, wie z.B. die selbstverfaßte Pause-Meldung. In Kapitel 6 haben wir uns ausführlich mit Stapelbefehlen beschäftigt und Ihnen einige interessante Rezepte vorgeführt.

Was weg ist, ist wirklich weg

9-4 Dateien endgültig löschen

Ich arbeite mit mehreren Personen an einem Computer. Wie kann ich verhindern, daß die anderen meine mit DEL gelöschten Dateien mit UNDELETE wieder hervorholen und mißbrauchen?

DOS löscht bei Verwendung des Befehls DEL nicht den Dateiinhalt, sondern nur den ersten Buchstaben des Dateinamens in der Dateizuordnungstabelle (FAT). Deshalb können Sie Dateien häufig mit UNDELETE wiederherstellen.

Wenn Sie Dateien für DOS und übliche Toolpakete endgültig löschen wollen, sollten Sie einen Trick anwenden: Löschen Sie die Datei nicht, sondern überschreiben Sie sie mit einer leeren Datei gleichen Namens. Im Stapelprogramm WEG.BATverwenden wir diese Methode:

```
@ECHO OFF
ECHO Dieses Programm löscht die Datei %1 so, daß sie nicht mit DOS
ECHO wiederhergestellt werden kann. Abbruch mit STRG-C oder beliebige
ECHO Taste, um fortzufahren
PAUSE > NUL
COPY NUL %1 > NUL
ECHO Datei %1 engültig gelöscht
```

Auch, wenn Sie UNDELETE im Löschüberwachungsmodus oder im Löschprotokollmodus ablaufen lassen, können Sie eine mit WEG.BAT entfernte Datei nicht wiederherstellen. Da die Datei nicht mit DEL gelöscht wurde, reagieren diese Modi nicht. Ein Wiederherstellen mit DOS-Mitteln ist zwar möglich, allerdings sind die Dateien leer und damit für Unbefugte unbrauchbar.

Für den ehrgeizigen Datendieb ist es immer noch möglich, den Datenträger mit speziellen Programmen wie RESCUE sektorenweise zu lesen. Da die Originaldaten nicht überschrieben sind, wird er früher oder später darauf stoßen.

Wenn Sie Ihre alten Daten noch sicherer vernichten wollen, können Sie Zusatzprogramme, wie z.B. TurboClean von Andreas Müller Software verwenden. TurboClean überschreibt alle Zuordnungseinheiten auf der Festplatte, die zu keiner Datei gehören.

1984 — Big Brother ... I

9-5 Nutzungszeiten protokollieren

Ich möchte mir einen Überblick verschaffen, wann und wie lange ich (bzw. meine Mitarbeiter) mit einem Programm gearbeitet haben. Kann ich die Programmbenutzungszeiten automatisch aufzeichnen lassen?

Alle Systeme mit Prozessoren der Klassen 80286 und höher haben eine batteriegestützte Systemuhr eingebaut. Diese geht zwar meistens nicht sehr genau, reicht aber zur Orientierung aus, sofern Sie gelegentlich gestellt wird.

DOS stellt anhand dieser Systemuhr das Speicherdatum und die Speicheruhrzeit für Dateien fest. Sie können die Uhr auch für eigene Zwecke benutzen. Das folgende Programm schreibt beim Aufrufen das aktuelle Datum und die Uhrzeit in eine Datei BENUTZT.DAT und startet das Programm MS-Word. Nachdem Word beendet worden ist, wird wiederum die Uhrzeit in die Datei BENUTZT geschrieben. Erläuternde Texte erleichtern das Zurechtfinden in den Uhrzeiten.

```
@ECHO OFF
REM Protokollieren der Benutzungszeiten für Word
ECHO. >>BENUTZT.DAT
DATE < EINGABE.TXT | FIND "gegenwärtig" /i >> BENUTZT.DAT
ECHO Beginn der Arbeit: >> BENUTZT.DAT
TIME < EINGABE.TXT | FIND "gegenwärtig" /i >>BENUTZT.DAT
C:\DOSSTAND\WORD\WORD
ECHO Ende der Arbeit: >> BENUTZT.DAT
TIME < EINGABE.TXT | FIND "gegenwärtig" /i >> BENUTZT.DAT
```

Der FIND-Befehl dient dabei dazu, nur die Zeile mit der Anzeige der Zeit bzw. des Datums (»Gegewärtige Uhrzeit« bzw. »Gegenwärtiges Datum«) in die Datei BENUTZT.DAT zu schreiben. Die Zeile »Neue Uhrzeit« bzw. »Neues Datum« wird unterdrückt. In der Datei EINGABE.TXT steht nur eine Zeilenschaltung, um die Befehle DATE und TIME abzuschließen.

Sie können dieses Programm auch mit einem Programm zum Einstellen von Parametern verbinden (siehe Rezept 6-10), bzw. um eine Paßwortabfrage erweitern (siehe 9-6). Mit der Paßwortabfrage können Sie dann gleich noch den Programmbenutzer protokollieren (Big Brother is ..., siehe Rezept 9-8)

Zutritt für Unbefugte verboten

9-6 Paßwortabfrage programmieren

Ich möchte mein System gerne vor unberechtigten Zugriffen schützen. Kann ich einen einfachen Paßwortschutz mit DOS programmieren?

Mit Hilfe von Stapeldateien können Sie sich einen einfachen Paßwortschutz zusammenbasteln. Sie verwenden dabei den Befehl CHOICE, der Benutzereingaben einliest und abhängig von der Eingabe Beendigungscodes ausgibt. Der Nachteil von CHOICE ist, daß er nur jeweils einen Tastendruck zuläßt. Sie können diesen Nachteil aber durch mehrstufige Eingaben ausgleichen.

Das folgende Listing zeigt Ihnen eine einfache Paßwortabfrage mit beliebig vielen Stufen. Das Programm fragt solange einen Buchstaben des Alphabetes ab, bis das Doppelkreuz # gedrückt wird. Die Buchstaben werden hintereinander in die Umgebungsvariable PAß geschrieben und ergeben das Paßwort. Unter allen Umgebungsvariablen wird das Paßwort gesucht. Ob es gefunden wurde oder nicht, wird durch das Vorhandensein einer Kontrolldatei festgelegt. Am Ende führt ein falsches Paßwort zum Stopp des Programmablaufs, ein richtiges zur Meldung »Paßwort korrekt«. Alle verräterischen Dateien werden sofort wieder unbemerkt gelöscht.

```
@ECHO OFF
REM Programm zum Abfragen eines mehrstelligen Paßwortes
REM Paßwort ist "HEINZELMANN"
ECHO Bitte geben Sie ein Paßwort ein (Ende mit #)!
```

```
:ANFANG
CHOICE /C:ABCDEFGHIJKLMNOPQRSTUVWXYZÄÖÜ# Welchen Buchstaben wünschen
Sie
IF ERRORLEVEL 30 GOTO ENDE
IF ERRORLEVEL 29 IF NOT ERRORLEVEL 30 SET PAß=%PAß%Ü
IF ERRORLEVEL 28 IF NOT ERRORLEVEL 29 SET PAß=%PAß%Ö
IF ERRORLEVEL 27 IF NOT ERRORLEVEL 28 SET PAß=%PAß%Ä
IF ERRORLEVEL 26 IF NOT ERRORLEVEL 27 SET PAß=%PAß%Z
IF ERRORLEVEL 25 IF NOT ERRORLEVEL 26 SET PAß=%PAß%Y
IF ERRORLEVEL 24 IF NOT ERRORLEVEL 25 SET PAß=%PAß%X
IF ERRORLEVEL 23 IF NOT ERRORLEVEL 24 SET PAß=%PAß%W
IF ERRORLEVEL 22 IF NOT ERRORLEVEL 23 SET PAß=%PAß%V
IF ERRORLEVEL 21 IF NOT ERRORLEVEL 22 SET PAß=%PAß%U
IF ERRORLEVEL 20 IF NOT ERRORLEVEL 21 SET PAß=%PAß%T
IF ERRORLEVEL 19 IF NOT ERRORLEVEL 20 SET PAß=%PAß%S
IF ERRORLEVEL 18 IF NOT ERRORLEVEL 19 SET PAß=%PAß%R
IF ERRORLEVEL 17 IF NOT ERRORLEVEL 18 SET PAß=%PAß%Q
IF ERRORLEVEL 16 IF NOT ERRORLEVEL 17 SET PAß=%PAß%P
IF ERRORLEVEL 15 IF NOT ERRORLEVEL 16 SET PAß=%PAß%O
IF ERRORLEVEL 14 IF NOT ERRORLEVEL 15 SET PAß=%PAß%N
IF ERRORLEVEL 13 IF NOT ERRORLEVEL 14 SET PAß=%PAß%M
IF ERRORLEVEL 12 IF NOT ERRORLEVEL 13 SET PAß=%PAß%L
IF ERRORLEVEL 11 IF NOT ERRORLEVEL 12 SET PAß=%PAß%K
IF ERRORLEVEL 10 IF NOT ERRORLEVEL 11 SET PAß=%PAß%J
IF ERRORLEVEL 9 IF NOT ERRORLEVEL 10 SET PAß=%PAß%I
IF ERRORLEVEL 8 IF NOT ERRORLEVEL 9 SET PAß=%PAß%H
IF ERRORLEVEL 7 IF NOT ERRORLEVEL 8 SET PAß=%PAß%G
IF ERRORLEVEL 6 IF NOT ERRORLEVEL 7 SET PAß=%PAß%F
IF ERRORLEVEL 5 IF NOT ERRORLEVEL 6 SET PAß=%PAß%E
IF ERRORLEVEL 4 IF NOT ERRORLEVEL 5 SET PAß=%PAß%D
IF ERRORLEVEL 3 IF NOT ERRORLEVEL 4 SET PAß=%PAß%C
IF ERRORLEVEL 2 IF NOT ERRORLEVEL 3 SET PAß=%PAß%B
IF ERRORLEVEL 1 IF NOT ERRORLEVEL 2 SET PAß=%PAß%A
GOTO ANFANG
:ENDE
SET | FIND "HEINZELMANN" > PRÜF.DAT
COPY PRÜF.DAT ISTDA.DAT > NUL
SET PAß=
IF NOT EXIST ISTDA.DAT GOTO PW_FALSCH
```

```
ECHO Paßwort korrekt!
DEL PRÜF.DAT > NUL
DEL ISTDA.DAT > NUL
GOTO SCHLUSS
:PW_FALSCH
DEL PRÜF.DAT > NUL
PAUSE > NUL
:SCHLUSS
```

Sie können dieses Programm z.B. unter dem Namen PW.BAT als verborgene Datei speichern und aus einem anderen Programm aufrufen. Benutzen Sie dazu den Befehl CALL, um nach richtiger Eingabe des Paßwortes zu diesem Programm zurückzukehren und es weiter abzuarbeiten.

Falls Sie dieses Programm mit CALL aus einem anderen Stapelprogramm aufrufen, kann der Benutzer nach dem Anhalten des Programms (zufällig) eine Taste drücken und die Abfrage damit überlisten.

Falls Sie sich nicht überlisten lassen wollen, können Sie andere Programme aus der Paßwortabfrage heraus starten. Anstelle der Erfolgsmeldung im Beispiellisting schreiben Sie dabei den Programmaufruf. Die Tastenkombination [Strg]-[C] nützt dem unbefugten Benutzer bei beiden Möglichkeiten nicht.

Weitergehenden Schutz bietet Ihnen der Aufruf mit einem eigenen Befehlsinterpreter COMMAND.COM. Sie können diese Variante anwenden, wenn Sie bereits den Start des Systems überwachen wollen und das Listing dazu in die AUTOEXEC.BAT einfügen. Das folgende Rezept zeigt Ihnen die dazu nötigen Tips und Kniffe.

Hier kommt keiner 'raus

9-7 Abbruch der AUTOEXEC.BAT verhindern

An meinem System arbeiten verschiedene Menschen. Manche versuchen ständig, meine Startdatei AUTOEXEC.BAT und die darin enthaltenen Sicherheitsabfragen zu umgehen (z.B. mit [Strg]-[C]) Kann ich dies irgendwie verhindern?

Es gibt die verschiedensten, mehr oder weniger wirksamen Methoden, Benutzer durch eine Startdatei oder eine Paßwortabfrage zu schleusen.

- Im Shareware- oder Toolbereich können Sie aus einer breiten Palette von Paßwort- oder Startprogrammen auswählen.
- Verschiedene Programmiertricks, meist in Stapelprogrammen, bieten zumindest bei PC-Anfängern einen gewissen Schutz.

Eine einfache, aber doch effektive Maßnahme liegt in einer geschickten Verwendung der COMMAND.COM, ohne die DOS nicht arbeiten kann. Sie nutzen dabei aus, daß dieser Befehlsinterpreter mit dem Parameter /C auch für einzelne Befehle oder Programme gestartet werden kann:

1. Ersetzen Sie in der CONFIG.SYS in der Zeile SHELL = C:\COMMAND.COM ... den Parameter /P (für permanent) durch /C. Geben Sie als aufzurufenden Befehl AUTOEXEC an. Die Zeile sollte also ungefähr aussehen wie

```
SHELL=C:\COMMAND.COM /C AUTOEXEC
```

2. Schreiben Sie in die letzte Zeile der AUTOEXEC.BAT einen Aufruf für den neuen, permanenten Befehlsinterpreter:

```
C:\COMMAND.COM /P /D
```

Will der Benutzer sich jetzt einer Konfiguration oder Paßwortabfrage entziehen, indem er [Strg]-[C] drückt, verweigert DOS die Arbeit mit der Fehlermeldung »Falscher oder fehlender Kommandointerpreter«.

Der Parameter /D sorgt dafür, daß die AUTOEXEC.BAT nicht noch einmal aufgerufen wird und nicht weitere permanente Befehlsinterpreter geladen werden. Zusätzlich können Sie in der Zeile weitere Parameter angeben. Geben Sie /D nicht an, würde z.B. im nachfolgenden Listing die Paßwortabfrage ständig wiederholt werden und die Startdatei nicht mehr beendet. Zusätzlich besteht dann der Nachteil, daß der Benutzer die Abfrage mit [Strg]-[C] abbrechen kann und dann mit einem der permanenten Befehlsinterpreter arbeitet.

Das folgende Listing zeigt eine einfache AUTOEXEC.BAT mit der Paßwortabfrage als CALL-Programm, wie sie im vorhergehenden Rezept erarbeitet wurde:

```
@ECHO OFF
CALL PW
```

```
REM Hier beginnen die eigentlichen Informationen
C:\DOS\SMARTDRV.EXE
PATH C:\DOS;D:\WORD5;C:\WIN31;d:\tools\wintools\winshare;c:\ventura
LOADHIGH C:\DOS\KEYB GR
PROMPT $P$G
CLS
VER
SET TEMP=C:\WIN31\TEMP
LOADHIGH C:\DOS\MOUSE
C:\COMMAND.COM /P /D
```

Dieses Programm kann Ihnen auch mit einer Paßwortabfrage keine absolute Sicherheit vor unbefugtem Zugriff bieten. Bereits das Starten von einer Diskette ist ohne Probleme möglich und erlaubt den Zugang zum System. Für echten Datenschutz benötigen Sie professionelle Datenschutz- und Verschlüsselungsprogramme oder ein sicheres Betriebssystem wie UNIX.

1984 — Big Brother ... II

9-8 Programmbenutzer registrieren

Nachdem ich in den vorhergehenden Rezepten gelesen habe, wie ich Nutzungszeiten für Programm protokolliere und - innerhalb gewisser Grenzen - Unbefugte von Programmen oder dem System fernhalten kann, möchte ich jetzt den Programmbenutzer neben der Nutzungszeit festhalten.

Sie können diese zusätzliche Stufe der Überwachung und Sicherheit mit Hilfe der Umgebungsvariablen erklimmen, die wir im Programm PW.BAT eingerichtet haben. Sie benötigen für das Benutzerprotokoll nicht den gesamten Programmcode von PW.BAT, sondern nur den Teil zwischen »:ANFANG« und »GOTO ANFANG« (siehe Rezept 9-6). Dieser Teil ist im folgenden Programmtext NUTZNAME.BAT mit »...« angedeutet.

```
@ECHO OFF
ECHO Geben Sie bitte Ihren Namen an!
:ANFANG
...
GOTO ANFANG
:ENDE
```

```
ECHO Benutzer: >> BENUTZT.DAT
SET | FIND "PAß" >>BENUTZT.DAT
```

Dieses Programm zeichnet ausschließlich die eingegebenen Zeichen auf und gibt sie in die Datei BENUTZT.DAT aus. In Verbindung mit der Zeitabfrage von Rezept 9-5 würden Sie vor dem dortigen Programmaufruf »WORD« den Befehl CALL NUTZNAME eingeben. Sie erhalten dann nacheinander das Nutzungsdatum und die Anfangszeit, den Benutzernamen und das Ende der Nutzungszeit als Protokoll in der Datei BENUTZT.DAT.

Falls Sie sowohl die Paßwortabfrage als auch das Benutzerprotokoll programmieren wollen, sollten Sie den Programmteil »:ANFANG« bis »GOTO ANFANG« einschließlich dieser Zeilen in das Unterprogramm ABFRAGE.BAT schreiben. Anstelle dieses umfangreichen Textes tritt dann nur die Zeile CALL ABFRAGE.

Das hier beschriebene Programm prüft nicht nach, ob sich der Benutzer richtig anmeldet, so daß ein Mißbrauch leicht gemacht wird. Eine geschickte Kombination von Paßwortabfragen und mehreren Paßwortmöglichkeiten kann aber Abhilfe schaffen.

Anhang A

Symbolerklärung

Wir verwenden in diesem Buch verschiedene Symbole, um Fragestellungen, Rezepte, Tips und Hindernisse zu kennzeichnen.

Neben diesem Symbol steht die Frage oder das Problem, das im Rezept behandelt werden soll.

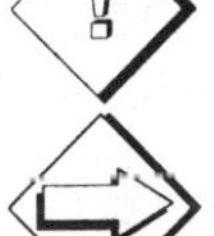

Neben diesem Symbol beantworten wir die Frage in Rezeptform. Wir erläutern Fallbeispiele und allgemeine Regeln in der Reihenfolge, die Sie für die Arbeit am Computer benötigen.

Hier bekommen Sie weitergehende Informationen zu den behandelten Befehlen wie Tips zum Verwenden des Befehls und Hinweise zu seiner Leistungsfähigkeit.

Dieses Symbol steht für die Grenzen eines Befehls. Wir schreiben hier, mit welchen Befehlen sich das Verfahren nicht verträgt, wofür Sie die beschriebenen Verfahren nicht nutzen können und welche Befehle mehr leisten.

Beendigungscodes

DELTREE

Beendigungs-code	Aussage
0	Verzeichnisast wurde erfolgreich gelöscht

DISKCOMP

Beendigungs-code	Aussage
0	Die zu vergleichenden Disketten sind identisch
1	DOS hat Unterschiede zwischen den zu vergleichenden Disketten festgestellt
2	Der Benutzer hat [Strg]-[C] gedrückt und den Diskettenvergleich abgebrochen
3	Beim Vergleichen der Disketten ist ein schwerer Fehler aufgetreten
4	Beim Vergleichen ist ein Initialisierungsfehler aufgetreten

DISKCOPY

Beendigungs-code	Aussage
0	Die Diskette wurde erfolgreich kopiert
1	Beim Kopieren ist ein Schreib-/Lesefehler aufgetreten. Dieser Fehler ist behebbar.
2	Der Benutzer hat [Strg]-[C] gedrückt und den Kopiervorgang abgebrochen
3	Beim Kopieren ist ein schwerer Fehler aufgetreten
4	Beim Kopieren ist ein Initialisierungsfehler aufgetreten

FORMAT

Beendigungs-code	Aussage
0	Die Diskette wurde erfolgreich formatiert
3	Der Benutzer hat [Strg]-[C] gedrückt und den Formatiervorgang abgebrochen
4	Beim Formatieren ist ein schwerer Fehler aufgetreten
5	Der Benutzer hat die Taste [N] auf die Frage »Formatieren durchführen« gedrückt. Formatiervorgang wurde daraufhin abgebrochen.

MOVE

Beendigungs-code	Aussage
0	Dateien wurden erfolgreich verschoben

SETVER

Beendigungs-code	Aussage
0	Das Programm SETVER wurde erfolgreich formatiert
1	Der angegebene Parameter ist unzulässig
2	Der angegebene Dateiname ist ungültig
3	Nicht genügend freier Speicher, um SETVER auszuführen
4	Die Versionsnummer wurde nicht korrekt angegeben
5	Der Eintrag wurde in der Liste nicht gefunden
6	Die Datei SETVER.EXE wurde von DOS nicht gefunden
7	Die angegebene Laufwerksbezeichnung ist unzulässig
8	Die Liste der Parameter ist zu lang

9	Die angegebenen Parameter sind unvollständig
10	Beim Lesen der Datei SETVER.EXE ist ein Fehler aufgetreten
11	Die Datei SETVER.EXE ist beschädigt und nicht zu gebrauchen
12	Die verwendete Datei SETVER.EXE erlaubt nicht die Benutzung einer Versionstabelle
13	Aus Platzmangel kann in die Versionstabelle kein neuer Eintrag aufgenommen werden
14	Beim Schreiben der Datei SETVER.EXE ist ein Fehler aufgetreten

XCOPY

Beendigungs-code	Aussage
0	Die angegebenen Dateien wurden ohne Fehler kopiert
1	DOS hat keine zu kopierende Datei gefunden
2	Der Benutzer hat [Strg]-[C] gedrückt und den Kopiervorgang abgebrochen
3	Beim Kopieren ist ein Initialisierungsfehler aufgetreten
4	Beim Kopieren ist ein Initialisierungsfehler aufgetreten
5	Beim Schreiben der Zieldatei ist ein Fehler aufgetreten

Tabelle der ANSI-Codes zur Zeichendarstellung

Esc-Sequenz	Wirkung
ESC[*x*;...;*x*m	Ändern der Darstellung von Zeichen auf dem Bildschirm. Wählen Sie für *x* Zahlen aus der folgenden Liste aus.
0	Ausschalten aller Attribute
1	Zeichen fett darstellen
4	Zeichen unterstreichen (nur bei Monochrom-Grafikkarte)
5	Zeichen blinkend darstellen
7	Zeichen invertiert darstellen
8	Zeichen verdeckt darstellen (Vorsicht!)
30	Vordergrundfarbe Schwarz
31	Vordergrundfarbe Rot
32	Vordergrundfarbe Grün
33	Vordergrundfarbe Gelb
34	Vordergrundfarbe Blau
35	Vordergrundfarbe Magentarot
36	Vordergrundfarbe Cyanblau
37	Vordergrundfarbe Weiß
40	Hintergrundfarbe Schwarz
41	Hintergrundfarbe Rot
42	Hintergrundfarbe Grün
43	Hintergrundfarbe Gelb
44	Hintergrundfarbe Blau
45	Hintergrundfarbe Magentarot
46	Hintergrundfarbe Cyanblau
47	Hintergrundfarbe Weiß

DOSKEY-Bearbeitungstasten

Bei der Benutzung von DOSKEY stehen Ihnen Tastenfunktionen zur Verfügung, um die Befehle im Befehlsspeicher zu bearbeiten.

Taste	Funktion
[Bild nach oben]	zeigt den ersten Befehl der Befehlsliste
[Bild nach unten]	zeigt den letzten Befehl der Befehlsliste
[nach oben]	zeigt den in der Befehlsliste vorhergehenden Befehl
[nach unten]	zeigt den in der Befehlsliste nachfolgenden Befehl
[←]	setzt die Schreibmarke in der Befehlszeile um ein Zeichen nach links
[→]	setzt die Schreibmarke in der Befehlszeile um ein Zeichen nach rechts
[Strg]-[←]	setzt die Schreibmarke um ein Wort nach links
[Strg]-[→]	setzt die Schreibmarke um ein Wort nach rechts
[Pos1]	setzt die Schreibmarke an den Anfang der Befehlszeile
[Ende]	setzt die Schreibmarke an das Ende der Befehlszeile
[F7]	zeigt alle Befehle der Befehlsliste mit ihrer Zeilennummer. Der aktuelle Befehl ist durch ein Größer-Zeichen »>« markiert
[Alt]-[F7]	löscht alle Befehle aus der Befehlsliste
Text[F8]	wiederholt den ersten Befehl, der mit *Text* beginnt
[F9]	DOSKEY fordert Sie auf, die Zeilennummer des gewünschten Befehls einzugeben. Sie können die Zeilennummern mit [F7] ansehen
[Alt]-[F10]	löscht alle gespeicherten Makros

Anhang B

Hilfe und Programme aus Mailboxen

In zahlreichen Mailboxen wird über MS DOS diskutiert. Dort finden Sie auch einen unermeßlichen „Schatz“ von Programmen zum Nulltarif.

Mailboxen werden kommerziell oder von Vereinen und Firmen als Service betrieben. Während Sie in nicht- oder halbkommerziellen Mailboxen (z.B. Fido-Netz , Zerberus Netz) ihr Budget schonen, läppern sich in kommerziell betriebenen Boxen wie CompuServe die Kosten happig zusammen. Neben den Verbindungsgebühren für Telekom kassieren kommerzielle Boxen noch online Gebühren. Je schneller Ihr Modem Daten absaugt, desto mehr dürfen Sie bezahlen. Dafür bekommen Sie im CompuServe aber hochkarätige Antworten - u.a. vom Microsoft Support. Um Übertragungskosten zu sparen, können Sie sich mit der CompuServe-Menüoberfläche auf die Online-Sitzung vorbereiten.

Wir zeigen Ihnen daher nur den Zugang und die Nutzung des CompuServe Forums MSDOS.

Wenn Ihnen die mit DOS mitgelieferten Hilfen nicht ausreichen und Sie

- über ein Modem verfügen,
- ein Kommunikationsprogramm handhaben können,
- bereit sind, sich ein paar Minuten oder Stunden in die Handhabung einer kommerziellen Mailbox einzuarbeiten und
- bereit sind, die Online-Kosten zu tragen,

sollten Sie das CompuServe Forum MSDOS auch selber ausprobieren.

Vielleicht wird Sie die liebevolle Hilfe begeistern, die Ihnen dort der Microsoft-Support und andere Forums-Mitglieder angedeihen lassen.

Compuserve erreichen Sie z.B. über

- den örtlichen Datex-J Anschluß »01910« oder
- direkt per Modem unter »08966530170« oder
- mit ISDN über »08966530130«.

Bei der Anwahl über Datex-J

- bestätigen Sie die Verbindung mit ».« (Punkt) [↵]
- geben die Teilnehmernummer »000255975978« ein,
- wenn Sie noch nicht Mitglied sind, wählen Sie den Menüpunkt 3 »Mitglied werden«
- wählen den Host »CIS«
- geben die User ID »177000,5603« und das Paßwort »Neue/Welt« ein.

- Als AgreementNummer tasten Sie »BTX92D« und
- als Seriennummer »92283« ein.

Wenn Sie die Anmeldeprozedur überstanden haben, erhalten Sie eine User ID und ein vorläufiges Paßwort. Dem folgt schriftlich ein richtiges Paßwort.

Als Mitglied wählen Sie (im dritten Schritt) den Menüpunkt 2, um sich direkt einzuloggen. Dann wählen wieder den Host »CIS« und geben Ihre persönliche USER ID und Paßwort ein.

In CompuServe können Sie z.B. ein Forum wählen. In Foren werden u.a.

- Fragen an öffentlichen Brettern diskutiert,
- kann Software geladen werden und
- können Online-Konferenzen abgehalten werden.

Zu MS-DOS finden Sie amerikanische und europäische Foren. Gehen Sie mit »GO MSDOS« in das amerikanische MS-DOS Forum. Dort können Sie z.B. die bisherigen Nachrichten lesen und beantworten oder neue Fragen ans Brett hängen.

Wir zeigen Ihnen hier nur eine Frage mit Antwort. Im Nachrichtenkopf erkennen Sie die Nachrichtennummer, den Bereich, das Datum, die Zeit, unter **Sb**(Subject) das Thema, unter **Fm**(From), von wem die Nachricht stammt und unter **To**, an wen sie gerichtet ist.

```
Message #:79600

#: 79600 S6/Commands/Utilities
   30-May-93 15:47:07
Sb: #Assign & DOS 6.0
Fm: mike roeglin 74240,1726
To: Tech Support

My company has a rather old but unique program that we use for performing
lighting studies. The company that wrote the software is no longer in
business. The program requires the command ASSIGN B=C before using. We just
received a new PC with DOS 6.0 and there is no ASSIGN command. What can we do?
Do we have to downgrade to DOS 5.0? Are there any shareware utilities that can
do the same thing?

There is 1 Reply.

Read action !read reply

#: 79996 S6/Commands/Utilities
```

01-Jun-93 23:44:58
Sb: #79600-#Assign & DOS 6.0
Fm: Gregg Rivers, Microsoft 72302,3023
To: mike roeglin 74240,1726 (X)

Hello Mike,

You won't have to downgrade to MS-DOS 5. You'll just need to order (or obtain a copy of) the supplemental disk.
You can order it by sending in the coupon from the back of your MS-DOS 6 users guide, you can also get it from our library on CIS, or you can download it from the Microsoft Download Service (206)936-6735.

Regards,

Gregg Rivers, Section Leader
Microsoft Product Support Services

There is 1 Reply.

*** Reading Replies to 79600

Read action !

Das deutsche MS-DOS-Forum finden Sie unter MSCESYS (MSCE für »Microsoft Central Europe«).

Aus einem Menü von Dateien können Sie viele Tools, Public-Domain-Programme etc. laden. Verwenden Sie dazu ein passendes binäres Übertragungsprotokoll.

Die Verwendung der Programmbibliotheken wird in der Online-Hilfe erklärt:

LIBRARIES

Enter the LIBRARIES command at any Forum "!" command prompt to access the Forum's Libraries. After you select a Library to enter, CompuServe will display the Library menu/command prompt from which you can browse through files, receive a directory of files, upload or download files, or switch to a different Library. You can also browse and search across libraries within a Forum.

Enter HELP selection or

press [↵] to return to prompt:

Im nächsten Schritt wechseln wir aus dem Forum in die Bibliothek 2 und schauen uns mit dem CompuServe-Befehl »dir« das Inhaltsverzeichnis an (wir haben aus der langen Liste im nächsten Bild nur einen kleinen Ausschnitt herausgeschnippelt).

```
Forum !libraries

Libraries Menu
 1 2 3 4 5 6 7 8 9 10 11 12
Enter choice !2

LIB 2 !dir


Ä73477,3320Ü
MS5INS.ZIP/Bin  Bytes:  2827, Count: 1023, 16-Jun-91

Ä75500,2370Ü
MYCONF./Bin     Bytes:  330, Count: 1087, 15-Jun-91

Ä76334,104Ü
MOUSED.5/Asc    Bytes:  351, Count: 1778, 13-Jun-91


LIB 2 !dow

File name: MYCONF.
Library Protocol Menu

Transfer protocols available -

 1 XMODEM
 2 CompuServe B+ and original B
 3 DC2/DC4 (Capture)
 4 YMODEM
 5 CompuServe QB (B w/send ahead)
 6 Kermit
```

```
7 QUICKTEL

0 Abort transfer request

Enter choice !1

File MYCONF., 330 Bytes, Lib 2

Starting XMODEM send.

Please initiate XMODEM receive
and press
 when the transfer
is complete.
```

Aus der Liste der Dateien haben wir MYCONF ausgewählt und dann das Übertragungsprotokoll 1 (XMODEM) eingestellt. An der Stelle »Please Initiate XMODEM receive ...« müssen Sie bei Ihrem Kommunikationsprogramm das gleiche Übertragungsprotokoll einstellen und einen Dateinamen eingeben.

Danach wird die Datei übertragen und Sie können sie auf Ihrem Rechner testen. Wir neigen dazu, jede abgepumpte ausführbare Datei sofort auf Viren zu prüfen und konnten so bisher auf unseren Rechnern größere Unfälle vermeiden.

Bei der Datei MYCONF aus CompuServe Library 2 besteht aber offensichtlich keine Gefahr für Ihren Rechner:

```
DEVICE=C:\QEMM\QEMM386.SYS RAM ROM NOSORT
DEVICE=C:\QEMM\LOADHI.SYS /R:3 C:\DOS\SETVER.EXE
DEVICE=C:\QEMM\LOADHI.SYS /R:2 C:\DOS\ANSI.SYS
DEVICE=C:\QEMM\LOADHI.SYS /R:3 C:\WINDOWS\SMARTDRV.SYS 1024 1024
DEVICE=C:\QEMM\LOADHI.SYS /R:1 C:\WINDOWS\MOUSE.SYS /Y
DOS=HIGH
FILES=10
BUFFERS=40
BREAK=ON
STACKS=0,0
LASTDRIVE=C
```

Anhang C

Weitere Hilfe auf CD

Außer der Telefon-Hotline und den Compuserve-Foren stellt Microsoft CD- und diskettenbasierte Datenbanken mit eigener Abfrage-Oberfläche zur Verfügung, die Ihnen in vielen Fragen weiterhelfen. Während die diskettenbasierten Microsoft Technische Informationen wenig zu MS-DOS enthalten, werden Sie bei den CDs für Anwender und Entwickler schnell fündig.

Als CD mit englischsprachigem Suchprogramm und Informationen werden zur Zeit die Enwicklerinformationen Microsoft Developer Network Deutschland vierteljährig und Microsoft TechNet monatlich upgedated. Microsoft TechNet enthält Informationen zu den verschiedensten Microsoft-Produkten.

Die TechnNet CD enthält in mehr als 100 MB

- Microsoft KnowledgeBase mit einer Datenbank zu bekannten technischen Problemen und Lösungen
- Ressource Kits mit einer technischen Referenz, Problemlöse-Informationen, Tools, Treibern und Zubehör,
- Conference Session Notes mit Mitschnitten von Konferenzen
- Customer Solutions mit Beispiellösungen
- Strategische Informationen zu Microsoft-Produkten.

Wir werfen hier einen Blick in die Knowledge Base. Dieses leistungsfähige Suchprogramm unterstützt verschiedene Suchmethoden, wie Suchen über Index und Volltextsuche. Über sogenannte »Hyperjumps« kommen Sie zu verwandten Themen. Die Geschichtsschreibung »History« merkt sich Ihre Suchschritte und hilft Ihnen, zu vorigen Suchschritten zurückzuschalten.

Hier wollen wir mal schauen, was die Knowledge Base zum ersten Installationsschritt vorschlägt, dem „Super-Festplatten-Waschmittel" (siehe Rezept 1).

Im Index der Knowledge Base finden Sie leicht die Informationen zu DOS (Bild C.1).

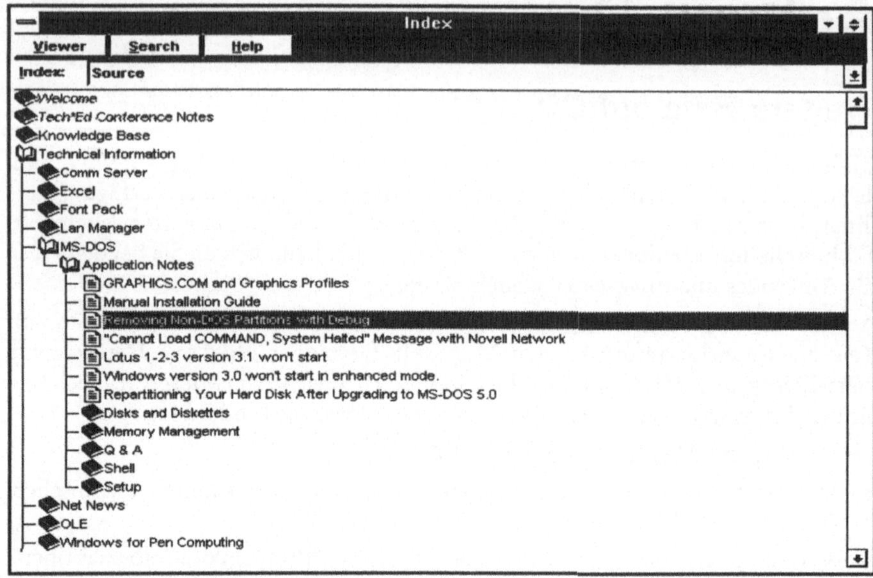

Bild C.1: Suchen im Index

Wir haben hier die Frage »Entfernen von Nicht-Dos-Partitionen mit Debug« aufgerufen (Bild C.2, siehe auch Rezepte 1-1 und 7-22).

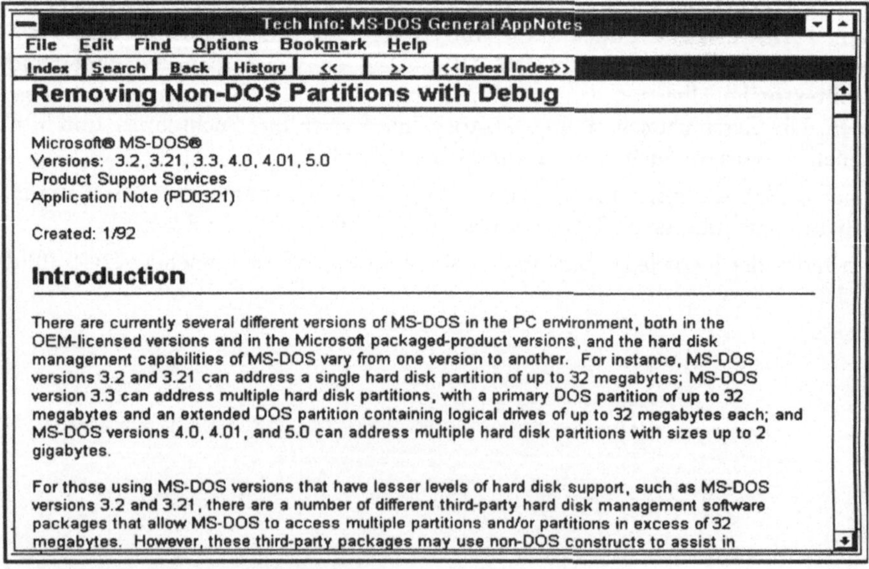

Bild C.2: Erste Seite eines DOS-Themas

Kopieren Sie mit dem »Edit⇒Copy« Befehl den Inhalt in die Zwischenablage oder schreiben Sie die Befehle aus Bild C.3 einfach ab, um Ihre Festplatte mit DEBUG ganz rein und nicht nur sauber zu kriegen.

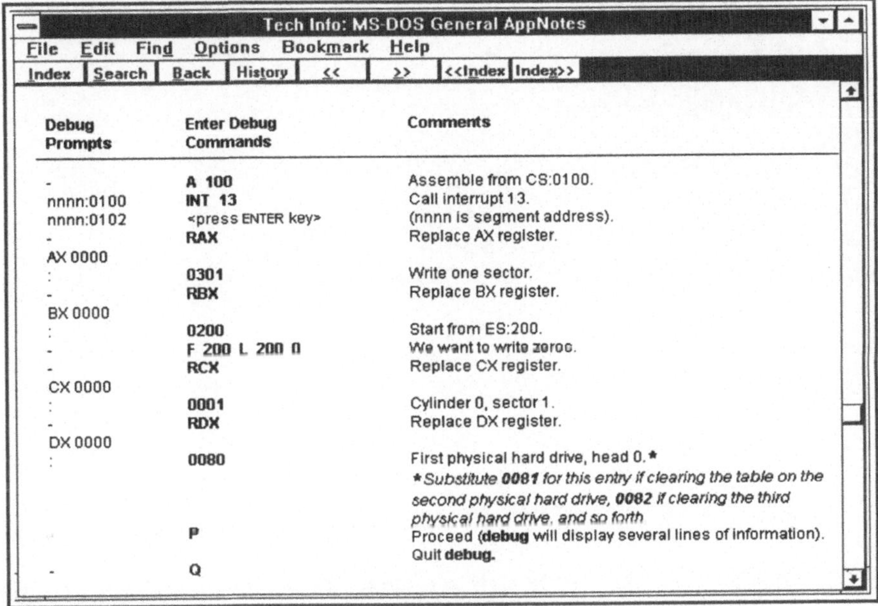

Debug Prompts	Enter Debug Commands	Comments
-	**A 100**	Assemble from CS:0100.
nnnn:0100	**INT 13**	Call interrupt 13.
nnnn:0102	<press ENTER key>	(nnnn is segment address).
-	**RAX**	Replace AX register.
AX 0000		
:	**0301**	Write one sector.
-	**RBX**	Replace BX register.
BX 0000		
:	**0200**	Start from ES:200.
-	F 200 L 200 0	We want to write zeros.
-	**RCX**	Replace CX register.
CX 0000		
:	**0001**	Cylinder 0, sector 1.
-	**RDX**	Replace DX register.
DX 0000		
:	**0080**	First physical hard drive, head 0.* **Substitute **0081** for this entry if clearing the table on the second physical hard drive, **0082** if clearing the third physical hard drive, and so forth*
	P	Proceed (**debug** will display several lines of information).
-	**Q**	Quit **debug**.

Bild C.3: Assembler-Programm zum FestplattenREINigen

Anhang D

Adressen und Bestellinformationen (Stand 01.07.93)

Alle Angaben ohne Gewähr für Richtigkeit und Aktualität

- Forum MSDOS in CompuServe (s. S.151)
  - Preise: Mitgliedergebühr US-$ 8.95/Monat, Anschaltgebühr bei Basisdiensten gebührenfrei, bei erweiterten Diensten 6 - 16 US-$ /h (je nach Baudrate) plus Kommunikationszuschlag bis zu 35 US-$ pro Stunde (je nach Zugangsart und Tageszeit)
  - CompuServe GmbH, Jahnstr. 2, Postfach 11 69, D 82088 Unterhaching
Tel. 0130 86 46 43 (Technischer Kundendienst)
Tel. 0130 3732 (Kundenberatung)
Fax 089 66 55 02 55
- Microsoft Telefon-Hotline zu MS DOS
089 3176 1152
- Microsoft TechNet und/oder Microsoft Developer Network Deutschland (s. S. 157)
  - Preise: TechNet DM 646,25 incl. UST für ein Jahr (12 CDs)
MS Developer Network Deutschland DM 403,03 incl. UST für ein Jahr (4 CDs)
  - Microsoft Subscription Centre
P.O. Box 5147
NL 2900 EC Capelle a/d IJssel
Tel. 0130 81 02 11 (für Bestellungen per Kreditkarte aus Deutschland)
Tel. 00 31 10 258 88 64 (für Bestellungen per Kreditkarte aus Schweiz/Österreich)
Fax 00 31 10 258 88 63
- Update MS DOS 6.0
  - Preis: DM 199,00 incl. UST
  - Microsoft GmbH
Edisonstr. 1
D 85716 Unterschleißheim (Hausadresse)
D 85713 Unterschleißheim (Großkundenadresse)
Tel. 089 3176 1152

- Interlink-Adapter
  (verwandelt normales Druckerkabel in Interlink-Kabel; s. S. 129)
  - Preis: DM 59 incl. UST und Versand
  - SJComputer, Hannoversche Str. 3, D 31582 Nienburg
    Tel. 05021 3034
    Fax 05021 3032
- Bündel aus Update MS DOS 6.0 und Interlink-Adapter
  - Preis: DM 199 incl. UST und Versand
  - SJComputer, Hannoversche Str. 3, D 31582 Nienburg
    Tel. 05021 3034
    Fax 05021 3032
- Festplatte / Diskette ohne DOS retten mit AllMicro RESCUE (siehe Seite 33)
  - Creative Daten Systeme GmbH, Bahnhofstr. 103, 82166 Gräfelfing
    Tel. 089 854 30 80
    Fax 089 854 13 24
    oder: AllMicro, Inc., 1250 Rogers Street, Suite D, Clearwater, Florida 34616
    Tel. 001 813 653 4933 (Verkauf)
    Tel. 001 813 653 6660 (Hotline)
- Datenmüll entfernen / Datensicherheit mit TurboClean (siehe Seite 137)
  - Preis: 99 DM incl. UST
  - Andreas Müller Software GmbH
    Dieffenbachstr. 59, 10967 Berlin
    Tel: 030 69 11 091
    Fax 030 69 22 523

Index